Roteiro para um Narrador

Estudos Literários 4

Ariovaldo José Vidal

Roteiro para um Narrador
Uma Leitura dos Contos de Rubem Fonseca

Ateliê Editorial

Copyright © 2000   Ariovaldo José Vidal

Direitos reservados e protegidos pela Lei 9.610
de 19 de fevereiro de 1998.
É proibida a reprodução total ou parcial
sem a autorização, por escrito, da editora.

ISBN 85-7480-020-1

Direitos reservados à
ATELIÊ EDITORIAL
Rua Manoel Pereira Leite, 15
06700-000 – Granja Viana – Cotia – SP
Telefax: (011) 7922-9666
2000

Printed in Brazil
Foi feito depósito legal

Sumário

NOTA EXPLICATIVA   *11*

O PERCURSO DA LEITURA   *13*

1. SOLIDÃO E TEMPO   *25*

2. CORPO E CONTEXTO   *59*

3. SANGUE E VINIL NA CIDADE   *97*

4. O PREÇO DAS PALAVRAS   *133*

5. ROTEIRO PARA UM NARRADOR   *167*

BIBLIOGRAFIA   *205*

... para que os meus olhos vissem aquilo que eu não sabia ver. Não sabia e não queria.

A Coleira do Cão

Nota Explicativa

O presente ensaio foi apresentado como dissertação de mestrado à Faculdade de Filosofia, Letras e Ciências Humanas da USP em 20 de dezembro de 1990. Visto a uma distância de dez anos, é natural que algumas limitações do ensaio apareçam com maior clareza, e que até mesmo a linguagem traia esses dez anos. Em função disso, fiz uma revisão suprimindo frases que hoje me pareciam estranhas, mas deixando que o trabalho continuasse o mesmo em essência; a rigor, somente a última análise sofreu maiores alterações, em função de sugestões recebidas, tendo deixado para alterar no momento em que viesse a publicá-lo.

O trabalho procurou ser uma introdução a alguns dos problemas propostos pela obra de Rubem Fonseca, fazendo uma leitura do conjunto de livros de contos publicados até então, com as vantagens e desvantagens de um projeto como esse. Hoje pode-se falar em leitura dos *primeiros livros* de Fonseca, pois sua obra cresceu muito.

O desejo que moveu a leitura foi o de fazer ecoar a impressão e sugestões muito fortes que seus melhores contos causam no leitor; dessa forma, o trabalho é feito de certo fascínio pela obra, que se traduz na busca de um tom que mimetize os contos, chamando atenção para suas particularidades no que se refere a alguns traços de estilo e a alguns temas. No período de elaboração, estava bastante seduzido pelo que há de leitura na obra do autor, e por seu trabalho propriamente artesanal; talvez isso explique o procedimento de ir citando e parafraseando os contos, traindo mesmo um movimento ficcional no ensaio. Dediquei um capítulo a cada livro do autor, em geral analisando um conto que me parecia mais exemplar de um momento de sua obra.

De lá para cá, cresceu muito também o número de teses, ensaios e resenhas dedicados ao autor, tornando impossível a atualização bibliográfica, o que, de resto, requer um trabalho de levantamento sistemático, em âmbito acadêmico, a fim de auxiliar os pesquisadores futuros. É possível que essa bibliografia posterior explique alguns aspectos de forma mais atualizada, fazendo algumas afirmações do trabalho parecerem datadas; acredito, porém, que o livro ainda contribua para a leitura dos contos do autor.

Na realização do trabalho, contei com o auxílio inestimável de vários colegas, através de cursos, indicações bibliográficas, leituras críticas do texto, discussão da obra do autor e outras formas de incentivo. Quero registrar um agradecimento particular a alguns desses colegas: inicialmente a Alcides Villaça, pelos anos de orientação e convivência; a Elisabeth Brait e Davi Arrigucci Jr., pela leitura criteriosa por ocasião da defesa; a Ligia Chiappini e Luiz Roncari, leitores no exame de qualificação; a Cláudia de Arruda Campos, Iná Camargo Costa e Zenir Campos Reis, pela leitura do trabalho e sugestões; a Daniel Balderston, pelos comentários e curso ministrado; a Regina Lúcia Pontieri, pelas muitas conversas sobre os contos de Rubem Fonseca; a Hélder Pinheiro, Maria do Carmo Malheiros e Raquel Illescas Bueno, colegas de pós com os quais discuti o texto inicial; a Francisco Salles, pelo apoio na pesquisa; e um agradecimento especial em memória de João Luiz Lafetá, grande leitor de Rubem Fonseca; finalmente ao CNPq, pela bolsa concedida.

São Paulo, 19 de fevereiro de 2000.

O Percurso da Leitura

O conto brasileiro passou por uma grande proliferação nos anos de 60 e 70. Alguns autores estreados em 40 ou na década seguinte – casos de Guimarães Rosa, Murilo Rubião, Autran Dourado, Dalton Trevisan, Lygia Fagundes Telles, Clarice Lispector, Osman Lins, Otto Lara Rezende, José J. Veiga, Samuel Rawett e Ricardo Ramos –, juntaram-se a outros que iniciavam a carreira ao tempo em que o Brasil entrava no período do regime militar. Nélida Piñon, João Antônio, Rubem Fonseca, Moacyr Scliar, Luís Vilela, Ivan Ângelo entre outros participaram desse momento de expansão do gênero.

Vários desses nomes conheceram mais tarde uma considerável popularidade, através de um trabalho editorial mais amplo, bem como pela entrada de seus livros no currículo das escolas e universidades. A solidão da grande cidade transformou-se em matéria-prima para a quase totalidade dos contistas, e o coro que se ouviu falou das incertezas de que todos participavam. Um dos últimos autores estreou já num momento de maturidade intelectual, e pôde-se conhecer uma voz de timbres muito pessoais, vinda do Rio de Janeiro: trata-se de Rubem Fonseca, que chamou a atenção da crítica desde a estréia.

Antes de tornar-se conhecido por seus romances, Rubem Fonseca realiza um longo percurso de contista, que se estende pelas décadas de 60 e 70. Sua produção de contos está em sintonia com momentos marcantes do período, tanto os da vida brasileira, quanto aqueles mais gerais que determinaram uma mudança profunda no comportamento das pessoas. Basta observar a data de publicação para perceber como os cinco volumes de contos que o escritor lançou situam-se em momentos significativos: os dois primeiros datam do início dos anos de 60; o terceiro é de 1969 – o livro de virada na obra do escritor –; e os dois últimos aparecem já próximos do final dos anos de 70, podendo-se dizer por alto que os cinco livros pontuam o trajeto de nossa história recente.

Rubem Fonseca inscreve-se na linha de escritores urbanos que falam da vida das metrópoles, iniciada em nossa literatura com a obra de Mário e Oswald de Andrade, ambos participando do tumulto da moderna São Paulo da década de 20. A noção de grande cidade aqui é a da que seqüestra, de alguma forma, a identidade dos personagens: ou a do homem rústico, rural, desprovido de suas características num espaço de linguagens cosmopolitas, caso de Macunaíma; ou a do homem moderno, angustiado por um dos signos centrais da cidade, a violência, caso de Serafim Ponte Grande.

A obra de Fonseca retoma essa linha de urbanidade vertiginosa, que do primeiro tempo modernista em diante foi trabalhada muito mais como impessoalidade de relações, solidão, mas que em alguns casos ainda guardava no fundo certa cordialidade capaz de resgatar a afetividade das relações. Recorde-se, por exemplo, a ternura dos personagens de Aníbal Machado, que viveu no Rio de Janeiro anterior às mudanças aceleradas dos anos de 60. Nossa literatura, bem como outras literaturas periféricas, passaria por um movimento significativo de internacionalização no período seguinte.

Percorrendo favelas, subúrbios, avenidas e mansões, os personagens de Rubem Fonseca praticam e sofrem as relações de

O PERCURSO DA LEITURA

uma nova situação brasileira e, no caso, especificamente carioca, terminando por flagrar a mudança de comportamento de nossa vida social. Se não fosse pela arte de grande narrador, sua obra seria significativa já por esse aspecto, pois há intenção explícita em seus contos de compreender as transformações pelas quais tem passado a mentalidade urbana. Ainda que tal aspecto não seja exclusividade do contista, pois outros autores espantaram-se com as contradições dessa mentalidade, a multiplicidade e a contundência da obra o tornam o principal nome do conto no período.

A marginalidade

Rubem Fonseca é também o grande prosador do corpo em nossa literatura, como já observou a crítica[1]. Há um desejo constante de descrever formas humanas, o que lembra o olhar detetivesco do romance policial norte-americano, que influenciou seu estilo. A obsessão engloba tanto o corpo dos halterofilistas e das modelos, quanto o corpo inacabado da representação grotesca; e a convivência desses extremos está conjugada na obra com outras convivências radicalmente opostas, tais como a de níveis distintos de expressão, mesclados na mesma frase, ou a de miseráveis e grã-finos encontrando-se num mesmo espaço, ainda que por razões diferentes, numa sociedade em que a miséria cresceu muito nas três últimas décadas.

Também foi observado que as descrições do autor eliminam a barreira das partes "proibidas" do corpo, mostrando-o repulsivo e atraente, incompleto e excessivo. Essa descrição é responsável por inverter as imagens conformadas a um modelo, subver-

---

1. Cf. Silviano Santiago, "Errata", *Vale quanto Pesa*, Rio de Janeiro, Paz e Terra, 1982, p. 61.

tendo os planos oferecidos normalmente a nossa percepção. Para citar um exemplo, em que da beleza brota um traço que destrói a harmonia da imagem, transcrevo uma passagem do conto "Entrevista", de *Feliz Ano Novo*, o obscuro diálogo de um homem encoberto e sua companheira, estranha e íntima:

> H – Você estava grávida...
> M – No dia 13 de outubro jantávamos no restaurante, quando surgiu essa garota, que ele andava namorando. Meu marido estava bêbado e olhava para ela de maneira debochada, e então ela não agüentou mais e se aproximou de nossa mesa, falou em segredo no ouvido dele e eles se beijaram na boca, como se estivessem sozinhos no mundo. Eu fiquei louca; quando dei conta de mim, estava com um caco de garrafa na mão e tinha arrancado a blusa dela, uma dessas camisas de meia que deixa o busto bem destacado.
> H – Sei... Continua.
> M – Dei vários golpes com o caco de garrafa no peito dela, com tanta força que saiu um nervo para fora, de dentro do seio[2].

Na obra de Fonseca, a falta de liberdade, a exploração econômica, a competição, a violência, o erotismo, a solidão, a angústia do artista, a alienação, o tempo, a incapacidade de realização dos personagens, tudo enfim a que o homem vai de encontro ou que se volta contra ele, passa pelo corpo.

O percurso do narrador está marcado por um isolamento que torna problemática a atuação frente às situações que se oferecem; de uma forma ou de outra, ele está sempre marginalizado; e, quando não, há uma opção consciente pela marginalidade. A crítica fala em "excluídos", "vidas à margem", "lúmpen", "outsiders", vinculando a marginalidade à exploração sem limites a que estão sujeitas as populações periféricas da grande cidade. Mas

---

2. *Feliz Ano Novo*, pp. 113-114.

mesmo os personagens de classe média ou alta vivem também nessa condição: aqueles primeiros porque estão à margem das instituições, do trabalho, praticando ou sofrendo violência; esses últimos porque, mesmo que levem uma vida que se poderia chamar de rotineira, de uma forma ou de outra buscam transgredi-la.

Se de um lado está o marginal vitimado pela espoliação econômica, de outro está a figura do intelectual que destrói as mentiras oficiais com sua irresistível mordacidade, sua ironia afiadíssima, e se marginaliza com indisfarçável sentimento de culpa; nesse caso, o desejo de transgressão nasce quase sempre do apelo sexual, criando na obra a presença de duplos. Às vezes, o conto deixa claro que esse intelectual está, por assim dizer, travestido de marginal, mal escondendo sua superioridade sobre os verdadeiros marginais; outras vezes, aparece a contrapartida de um duplo inflexível que se opõe àquele apelo irrefreável do desejo. Prazer e culpa definem – quase em preto-e-branco, mas sempre de modo contundente – os protagonistas de algumas obras.

A escolha ou condição da marginalidade está presente na maior parte dos personagens de Rubem Fonseca, no tratamento que os temas recebem, e na forma de representação do corpo, constantemente problematizado. Tudo o que há na obra traz a marca da exceção, o que confere à sua frase o traço insólito que possui. A própria escolha das formas literárias está selada pelo dado da exclusão, à medida que cultiva determinados tipos de conto pouco valorizados em nossa literatura. É sabido que Fonseca tornou-se conhecido como contista e romancista policial para uma grande parcela do público leitor, vitalizando uma vertente anêmica em nossa história literária. Além do policial, entretanto, cultivou outras formas consagradas e populares do conto, que possuem uma tradição antiga e às quais o autor soube dar uma surpreendente atualidade: contos, por exemplo, de ficção científica, de aventuras, históricos, aliando a essas formas motivos também consagrados pela longevidade, como é o caso do canibalismo, do corpo hediondo, da descoberta e busca de manuscritos perdidos, da vingança etc. Em suma, são formas que privilegiam muito mais a ação do que a análise psicológica, que privilegiam o *mythos*, a fábula, a história, e que traem um impulso de narrativas romanescas, ainda que sejam contos[3].

Com referência aos temas, estão também eles marcados pelo olhar da marginalidade: o erotismo, que pode ou não ter um caráter transgressor, em sua obra é sempre um modo de romper com a instituição, a rotina ou qualquer interdição ao prazer amoroso. O casamento, por exemplo, logo nos primeiros livros é ridicularizado: praticamente não há relações familiares estáveis nos contos. A sexualidade, múltipla e passageira, busca romper as interdições, a fim de se realizar plenamente; é levada às últimas conseqüências em busca de um êxtase que muitas vezes se transforma em violência. E quando não, o desfecho é ao menos uma perda, pois há uma força superior aos personagens – explícita algumas vezes, menos clara em outras – que cria a prisão de onde os seres indefesos não conseguem escapar. No conto "Lúcia McCartney" – para ficar com um conhecido exemplo do autor –, a sexualidade é transgressora à medida que a prostituição é substituída pela descoberta das relações afetivas entre os amantes. Entretanto, a afetividade dissolve-se nos "mistérios" da grande cidade, na figura do executivo seqüestrado de sua privacidade: "Ele disse, eu não sou dono de mim, nem de ninguém, diga isso a ela"[4].

Há no escritor, portanto, uma poética da marginalidade, e a marginalidade decide sobre os temas e seu tratamento. Mas por

3. Alguns desses motivos e formas do conto estão ilustrados no livro de R. Magalhães Jr., *A Arte do Conto*, Rio de Janeiro, Bloch, 1972.
4. *Lúcia McCartney*, p. 41.

ser essa sua escolha, a literatura de Fonseca propõe um problema para o leitor: até que ponto ela é abrangente? Ou seja, a escolha do dado transgressor apanha o que é realmente significativo, sem se perder nas singularidades? Há sempre subjetividade no ato de escolher: entre a realidade social e sua expressão em palavras, uma individualidade psicológica, fruto de várias determinações, é responsável pela escolha dos temas e imagens, do ponto de vista, de tudo o que performa o estilo no sentido mais amplo. De modo geral, pode-se dizer que em muitos contos a escolha é feliz, perdendo-se nos últimos romances, que apresentam certo desgaste de procedimentos.

A trajetória

O ensaio busca acompanhar a posição do narrador do primeiro ao quinto livro de contos, cujos títulos e datas de publicação são os seguintes: *Os Prisioneiros* (1963), *A Coleira do Cão* (1965), *Lúcia McCartney* (1969), *Feliz Ano Novo* (1975) e *O Cobrador* (1979)[5]. É possível perceber uma mudança na visão desse narrador, que em princípio pode ser resumida do seguinte modo: do primeiro ao quinto livro, ocorre uma maior compreensão e participação em nossa realidade social; amplia-se a consciência dos problemas que marcaram a vida atribulada da grande cidade brasileira, sobretudo a partir do final da década de 60, que na obra coincide com *Lúcia McCartney*.

---

5. As edições utilizadas são as seguintes: *Os Prisioneiros*, 3ª ed. Rio de Janeiro, Codecri, 1978; *A Coleira do Cão*, 2ª ed. Rio de Janeiro, Codecri, 1979; *Lúcia McCartney*, 2ª ed. Rio de Janeiro, Olivé, 1970; *O Caso Morel*, Rio de Janeiro, Artenova, 1973; *Feliz Ano Novo*, Rio de Janeiro, Artenova, 1975; *O Cobrador*, Rio de Janeiro, Nova Fronteira, 1979; *A Grande Arte*, Rio de Janeiro, Francisco Alves, 1983; *Bufo & Spallanzani*, Rio de Janeiro, Francisco Alves, 1985.

Partindo de uma atitude recolhida, o narrador vai mudando seu comportamento, conforme mudam os costumes e a relação com o poder, incorporando modos de agir mais objetivados, tornando-se cada vez mais pugilista no corpo-a-corpo com os problemas do dia-a-dia. Dessa forma, ocorre uma passagem de várias situações de natureza subjetiva para outras de caráter aventuresco, num espaço sempre degradado. A mudança de uma situação a outra pode ser vista – de modo bem esquemático – através de vários pares de opostos: do conto psicológico ou de atmosfera para o conto de ação, da aventura lida para a aventura vivida, dos espaços fechados para os espaços abertos, da experiência no âmbito do privado para a experiência das ruas e do público, de uma atitude de timidez para o impulso da conquista, da solidão amorosa para o jogo da sedução, da nostalgia para o humor e a ironia, da indiferença para a revolta e, enfim, da inocência e desencanto para as marcas da experiência. Contudo, não é fácil tratar da mudança de um narrador que diz, em determinado momento da obra, que a coerência não é uma virtude, é uma característica vegetal que ele "felizmente" não possui[6].

Nos primeiros livros do autor, prevalecem temas correlatos ao enclausuramento dos personagens, tais como solidão e tempo. Junto a esses – mas de forma menos crítica –, estão presentes outros que mais tarde, à medida que o narrador for mudando, virão para o primeiro plano da narrativa, alargando a natureza das tensões. Desse modo, o movimento de ampliação da consciência acaba por criar situações emaranhadas de determinações e com maior contundência: são temas da vida em sociedade, ocorrendo agora com uma voz narradora mais consciente das articulações que configuram a cena histórica: dependência cultural, exploração econômica, massificação da cultura, anonimato e vio-

6. Cf. *A Grande Arte*, p. 88.

O PERCURSO DA LEITURA

lência nas grandes cidades convivem com os primeiros temas da intimidade, formando na obra um colorido mais vivo, ainda que por vezes aberrante. Quanto mais o narrador caminhar para esses conflitos, mais irá regressar aos primeiros tempos de nossa história, ao nascimento dos problemas que o país herdou da exploração secular. Tanto é assim que o último livro de contos, *O Cobrador*, traz um mapeamento metonímico do passado e da geografia do Brasil.

No início, sua angústia é a do homem corroído pela dúvida existencial; posteriormente, o narrador terá a desenvoltura de alguns modelos da prosa: o detetive, o malandro, o pícaro, o marginal. A imagem do jogador, por exemplo, será central nos livros seguintes: não necessariamente a do jogador identificado profissional ou socialmente desse modo; mas todas as formas lúdicas da vida, as ocupações que levam ao risco e à aventura, aos lances decisivos, cuja ameaça de morte ronda sempre por perto. E não se trata de jogo imaginário: para o personagem, as experiências concretizam-se, repetindo-se à exaustão e indicando uma busca que tende ao vazio. "Escrevo sobre o desejo que se realiza", disse o escritor policial James Cain; e a frase poderia servir como epígrafe ao conto posterior de Fonseca.

Ao observar os personagens do autor, vê-se que a representação abrange diversas épocas e idades, correspondendo também a diversas experiências de vida. Um conjunto escolhido de seus contos poderia ter algo como uma fisionomia compósita de romance de formação, dado que os primeiros livros são freqüentados por um grande número de jovens e que a "conquista da sexualidade" é um aspecto central da mudança ocorrida com o narrador. Entretanto, a sexualidade é um caminho de plenitude alcançada e perdida logo a seguir; o narrador passa do erotismo contido ou sublimado dos primeiros livros para um erotismo agônico, nos últimos. Os temas anteriores, como tempo e soli-

21

dão, não são abandonados: o primeiro continua sendo o grande inimigo, e a solidão pesando quase como fatalidade na vida dos personagens.

Sendo assim, o narrador não atinge plenitude, serenidade ou mesmo um tranqüilo desencanto, conforme a obra caminha; atinge, ao contrário, a ironia e muitas vezes a violência. E se a angústia persiste pela incapacidade de transformar a realidade que se mostrou ilegítima, depois do áspero caminho trilhado pela consciência, persiste também como conseqüência de uma busca sem fim, empreendida pela via do erotismo.

O ensaio, portanto, é uma apresentação de conjunto da obra contística de Rubem Fonseca, através de um cruzamento de notações que têm, como linha central, a mudança ocorrida com a voz narradora[7]. O leitor de Fonseca sente-se tentado a estabelecer múltiplas ligações entre cenas, personagens, motivos, afirmações, metáforas recorrentes, pois tem a impressão de que cada conto é ou possui um desdobramento, criando uma rede ficcional em que tudo se liga a tudo. Por isso, ao lado de ser uma interpretação da posição do narrador, o ensaio é também uma *descrição* de fatos estilísticos que fazem viver a obra de Fonseca. Sendo assim, o movimento de leitura estende-se pela maioria dos contos de cada livro, apontando não só traços centrais, como também – de maneira mais solta – outros aspectos que um texto ficcional propõe: questões de gênero, estilo, temas, procedimentos narrativos, influências literárias etc.

A mudança mencionada não se faz por justaposição, com um livro substituindo a outro: muito de um livro prenuncia o seguinte, como o seguinte conservará traços do anterior. Ainda assim,

---

7. Aspectos da progressão do narrador foram analisados em vários ensaios, entre eles os de Fábio Lucas, Luiz Costa Lima, Silviano Santiago e Beatriz Regina Benradt, indicados na bibliografia.

é possível notar certa ruptura: o terceiro livro do autor é um divisor de águas entre dois momentos: o primeiro, cuja linguagem de tom impressionista fala da subjetividade sufocada pela dúvida; o segundo, quando o narrador mostra uma nova atitude diante da realidade, e demonstra ter adquirido – no último livro ao menos – plena maturidade de linguagem, construção e temas. Entre os dois, o livro intermediário de 1969, *Lúcia McCartney*, em que fica evidente o desconcerto da linguagem e dos temas que estão mudando.

1

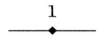

Solidão e Tempo

> *Fechei as portas? Não quero*
> *mais pensar nisso. Passei a vida*
> *pensando em fechar portas.*
>
> Os Prisioneiros

O primeiro livro de Rubem Fonseca, *Os Prisioneiros*, situa-se às vésperas do golpe militar que marcou o Brasil durante as últimas três décadas. Como as obras posteriores estão sombreadas por esse fato, ou pelo sentimento gerado na sociedade brasileira, é preciso ler o primeiro volume de contos a partir da relação de contraste que se estabelece com os livros seguintes. São onze contos encabeçados por uma epígrafe, prenunciando o jogo intertextual que será obsedante em toda a obra; a epígrafe, tirada do chinês Lao Tsé, deixa claro o tema que transita pelos contos: "Somos prisioneiros de nós mesmos. Nunca se esqueça disso, e de que não há fuga possível".

No primeiro livro, e mesmo no segundo, o narrador de Fonseca está distante dos movimentos que marcaram os anos de 60. A reivindicação do prazer é feita em silêncio, envergonhada, retratando um modo de viver anterior aos acontecimentos vertiginosos do período. Mais tarde, haverá um grito de opressão do personagem, atônito pelos descaminhos criados durante o regime militar; entretanto, nem agora, nem posteriormente, se ouvirá na obra de Fonseca o grito grupal dos festivais: em seu caso, não há esse tipo de contestação, já que o narrador é quase sempre atormentado pelas exceções, os barrados, os que ficam de fora da alegria ruidosa e pretensamente igualitária. De maneira jocosa, um personagem de *Lúcia McCartney* dirá: "O amor livre é injusto com os feios, com os pobres-diabos, com os pobres de espírito, com os pobres"[1].

A situação recorrente nos textos está dada, portanto, na epígrafe: personagens que não conseguem romper a barreira da própria interioridade e, quando tentam romper, a voz lírica morre pela impossibilidade de se fazer ouvir. São personagens com fortes traços românticos, perdidas numa cidade que no início do percurso do autor já se mostra degradada. Cumprem todas o mesmo destino: se o mundo se tornou hostil, a única "saída" será lutar contra o inimigo que mina os momentos intensos da memória, fechando-se no quarto para tentar reter a destruição indiferente do tempo.

A longa noite

Os onze contos do livro se condensam no melhor deles, "O Inimigo", que encerra o volume e no qual o autor mostra um fôlego maior, prenunciando textos mais extensos que virão no livro seguinte[2]. Lendo seus contos, vemos em vários momentos o tempo associado ao grande inimigo, tal como aparece no primeiro conto do livro, "Fevereiro ou Março": a Condessa Bernstroff, que mantém uma sinistra relação com o marido, diz a certa altura: "o

1. *Lúcia McCartney*, p. 38.
2. *Os Prisioneiros*, pp. 85-116. A fim de evitar excesso de notas, em algumas análises citarei apenas as páginas inicial e final.

SOLIDÃO E TEMPO

tempo, depois de mim, é o maior inimigo que ele tem"[3]. No conto "A Opção", do livro seguinte, a mesma idéia: "o tempo é um inimigo, um veneno para o ser humano. O medo é um veneno, e o ódio, e a frustração e a dúvida, e a estricnina. Mas o pior de todos os venenos – sempre – é o tempo"[4]. No conto que nos interessa por ora, é possível perceber a natureza adversária do tempo numa primeira leitura. Entretanto, para compreender as implicações do tema com o narrador, e deste com os que virão futuramente, é necessário fazer alguns comentários.

O texto está dividido em duas grandes partes, interligadas por uma numeração corrida de onze segmentos: 1 e 2 no "Primeiro Tempo", 3 a 11 no "Segundo". O narrador fala de dois períodos distintos de sua vida: o primeiro, tempo da infância, das relações com os companheiros de ginásio; e o segundo, tempo da vida adulta, do reencontro dos antigos companheiros. Enquanto o tempo da enunciação é único – a longa noite de insônia – o do enunciado pressupõe um intervalo de vinte anos que separam sonho e desencanto.

Ao iniciar o conto, o narrador faz revelações confusas: diz estar pensando muito, como sempre acontece, e por isso se esquece das ações banais que praticou momentos antes, ou seja, a verificação de que tenha fechado portas e janelas. O ato repetido de vedar o espaço liga-se ao desejo de estancar o tempo e fazer que o quarto viaje rumo à infância: "Depois me deitei, esperando voltar tranqüilo a Ulpiniano-o-Meigo, Mangonga, Najuba, Félix, Roberto e Eu mesmo".

Enquanto mãos, braços, pernas e corpo realizam o movimento mecanizado, subterraneamente os pensamentos vão minando a certeza desses atos, de tal maneira que se transformam em ima-

3. *Os Prisioneiros*, p. 15.
4. *A Coleira do Cão*, p. 92.

gem fictícia, fugitiva na memória, como um "lance da sorte". O ato aborrecido de fechar portas e janelas tem correspondência inversa com a falta de limites da corrente inestancável de lembranças, que alaga o espaço da intimidade. Tanto é assim que o restante do primeiro parágrafo será uma desordenada apresentação dos amigos de infância, até que, já mergulhado no passado, comece a ordenar a narração. E na enumeração que faz dos amigos, é possível observar uma cisão insuperável de identidade: Ulpiniano-o-Meigo, Mangonga, Najuba, Félix, Roberto e "Eu mesmo". O menino recordado pertence ao grupo dos amigos da infância, tem identidade própria como a do "tempo de eu menino" no poema de Manuel Bandeira.

O maior estranhamento do leitor ocorre diante do nome dos companheiros: saíram todos de um mundo insólito, de um mundo mágico – "sou um estudante e auxiliar de mágico" – em que homens e animais são amigos, morte e vida coexistem, crianças e adultos vivem em harmonia. Lembram, a seu modo, a Pasárgada longínqua de Bandeira, que no conto de nosso autor chama-se Cayo Icacos, uma ilha "que descobri no Atlas e que devia ter coqueiros, mar azul e vento fresco", onde o narrador adolescente sonhava viver com Aspásia, a trapezista fatal feita de sonho e saia de cetim. Ao situar-se entre os amigos que habitam o passado, ele se nomeia como uma entidade destacada de si mesmo, e faz lembrar também de Fernando Pessoa, outro poeta presente no imaginário dos garotos.

Numa cena do segundo segmento, um dos amigos – Ulpiniano-o-Meigo – é expulso do ginásio por ridicularizar a igreja, na figura dos padres: trata-se da cômica passagem – como quase todas da infância – na qual aparece a "bula" em que "Padre Júlio Maria & Cia comunicam à distinta clientela a sua nova tabela de preços". Na passagem, fica evidente a distância entre as instituições – escola e igreja – e o sentimento de religiosidade do meni-

SOLIDÃO E TEMPO

no, misturado à poesia, ao humor e ao jogo. Zombando dos padres, Ulpiniano-o-Meigo fere duas formas de interferência naquele universo infantil, e faz da figura de Cristo matéria de poesia. A questão da ressurreição e da existência divina voltará mais tarde, quando o narrador sair em busca do amigo Najuba e encontrar um distante Frei Euzébio.

Também é curioso o fato de nesse mundo insólito haver pouca distinção entre pai e filho, já que Vespasiano, pai de Ulpiniano-o-Meigo e de Justin, figura cômica que andava vestido desconcertantemente como "lorde", mistura-se aos adolescentes sem qualquer atitude de coibição. Ao contrário, é o primeiro a "instabilizar" a ordem dos adultos, não só através das furadas no cinema – quando a altivez de seu porte reduzia qualquer porteiro ao silêncio – bem como pelas conversas malucas com o mico. Sua figura está envolta em distinção, certa nobreza fora de época e lugar, realçada pela linguagem aprendida em Rui Barbosa, que ele havia lido "e nunca mais se recuperara".

Assim, o universo infantil configura-se nos dois primeiros segmentos como um grande reino mágico, marcado pela presença dos nomes enigmáticos, do circo, da namorada intangível, da mistura de ficção e realidade, de morte e ressurreição, de vôos e chapéus "homburg". O pensamento do narrador retira lembrança de lembrança, criando uma alegre mobilidade nos dois segmentos, só parcialmente quebrada na passagem do primeiro para o segundo, quando o pensamento refaz a ronda das janelas. O segundo segmento, anterior à busca empreendida na maturidade, termina justamente quando os amigos vão ao encontro da iniciação sexual: intimidados pelos temores da adolescência, acabam todos assistindo a um filme no cinema. Entretanto, mesmo no universo em que tudo é fantasia e magia, os conflitos adultos aparecem subterraneamente: na inibição física de Félix, que usa um peso preso ao pênis, e de Najuba, que usa um prendedor para afilar o nariz. Além dos conflitos com o corpo, já aparecera o drama da pobreza de Mangonga, sempre ocultando dos amigos o verdadeiro endereço.

A partir do terceiro segmento, começa a segunda parte da história: o narrador aproxima o tempo do enunciado ao da enunciação, e vai atrás dos antigos companheiros de infância. O pensamento, a coisa mais rápida que existe, como ele dirá mais tarde, condensou em dois lances espiralados o tempo movediço do passado. Agora, em contato com a realidade linear e prolixa do presente, a narração começa a se estender por todos os demais segmentos. Há um intervalo de vinte anos entre as duas partes, ainda que o tempo da narração seja a mesma noite de confissão e insônia. Para o narrador, os dois níveis de experiência estão em relação de continuidade, apesar dos vinte anos. As primeiras confissões não se situam em outro tempo: a noite de insônia mistura confissões velhas e novas e, nesse sentido, ganha a dimensão de noite decisiva para o personagem.

Ao começar a narração, a história toda já se passou. Quando o narrador se pergunta, ainda na primeira parte, "Roberto voará ainda hoje?", a pergunta é uma tentativa de afastar a verdade que ele já conhece. A persistência das primeiras lembranças é uma forma de resistência, o retardamento do que terá de admitir posteriormente: as mudanças cruéis que a vida operou. Ao começar a segunda parte, há um longo parágrafo carregado de reflexões, outro modo de resistir à irremediável passagem do tempo. Entretanto, põe-se a contar, não sem expressar o desejo de estar longe dali, a fim de não viver a experiência do reencontro.

As buscas

O primeiro a ser procurado é Roberto, que no tempo de infância praticava levitação e se ligava a outras práticas de esote-

SOLIDÃO E TEMPO

rismo. Desde logo, aparece o tempo como o grande inimigo entre os dois. Até aqui, o tempo não tinha marcações precisas dentro da noite: as cenas se sucediam, embaralhavam-se, iam e vinham num tempo suspenso, estagnado no espaço, ilhado na noite sem fim. De repente, surgem as mediações: uma secretária inflexível e quinze dias de espera. O reencontro se faz por um procedimento narrativo bastante utilizado no livro: a supressão do narrador, a fim de que a cena dialógica reverbere em toda sua força. Aqui, o dramático contrasta com a narrativa fluente das páginas anteriores e freia o ritmo pela pouca ressonância que as lembranças do narrador encontram em Roberto.

Não é mais com o amigo de outrora que fala o narrador: há entre os dois o título do nome, Dr. Roberto. E o tempo deste já não tem mais claros, olhando a todo momento para o relógio: "Seu rosto estava marcado de rugas e seu aspecto geral era de um homem submetido a um processo contínuo de estafa".

O tempo que Roberto conquistara pela prática do ocultismo foi subtraído pela Secretária, pela Empresa, pelos Negócios, controlado minuto a minuto, de uma sala a outra. Diferente do narrador, não é o passado que elimina o sentido das ações: as ações é que não deixam brechas para o passado. Pouco antes de sair, entretanto, Roberto perde-se momentaneamente num outro tempo, consegue por instantes quebrar a cadeia de ações que o enredou. Mas sai sem se despedir, deixando ao narrador a certeza da primeira perda.

A partir do quarto segmento, os reencontros são entremeados por comentários a propósito de outras situações, uma forma de aceitar a revelação que começa a ocorrer. Os dois planos da narração cruzam-se até atingir o segmento final, término dos dois percursos: as dúvidas do passado, as incertezas do presente. A primeira indagação do narrador é a respeito de sua solidão, não mais ausência dos amigos, e sim da mulher que conheceu. Todo o segmento é a lembrança da única mulher que ele diz ter amado: Aspásia, a pequena hetaira "peruana, ou equatoriana, talvez boliviana", por quem fora rejeitado. A garota do circo persiste como a desilusão romântica do primeiro amor, que também serve de motivo para raptar o narrador e afastá-lo do ritmo que o tempo impõe aos sentimentos. É de notar que Aspásia é a única presença feminina nas cenas da infância: a frustração amorosa situa o narrador no mesmo nível dos companheiros que já conheciam e escondiam as agruras da vida.

Quando vai ao encontro de Félix, tem a impressão de que dessa vez as coisas seriam diferentes: Félix o recebe sorridente e "patrocinador". Entretanto, experimenta nova decepção: o antigo companheiro havia se transformado em novo-rico, também atarefado como Roberto, só que de outra forma e por outras razões: usava o tempo que o dinheiro podia dar para forjar uma nova identidade. A postura ostensiva de Félix está ligada à cena derradeira da infância, em que ficamos sabendo do hábito do garoto em prender o nariz: os dramas da infância desdobram-se agora de forma evidente aos olhos do narrador.

A distância entre os antigos companheiros não demora a surgir, de forma bem mais dramática do que em relação a Roberto, ainda que agora, na cena dialógica, o narrador interfira, o que demonstra certo afastamento em relação à cena, ou seja, pressupõe o distanciamento crítico da cena narrada, que não mais aparece atualizada sem interferência. Conforme segue a conversa, o nome guardado da infância vai sendo alterado pela decepção do narrador: enquanto se refere a "Félix" no nível do enunciado, começa a tratá-lo por "cretino" no nível da enunciação. A mudança torna-se decisiva no desfecho do diálogo, quando o narrador xinga diretamente o ex-amigo. E o reencontro desastroso termina com uma cena que, por transferência, remete ao caso entre os dois: ao sair da casa de Félix, o narrador percebe uma das crianças presenciando a discussão humilhante para o pai: "Fui saindo. Percebi que no hall um garoto parado olhava assustado para nós dois. Na hora não dei bola e bati a porta da rua com força. Mas em casa fiquei pensando naquele menino, testemunhando a humilhação sofrida pelo pai." Dar-se conta do sofrimento do garoto é tomar consciência de que, por trás do mundo harmonioso da infância, estão os conflitos que mais tarde virão à tona, a infância germinando os dramas do homem maduro.

O relato do narrador tem, portanto, dois níveis que se entrelaçam: no primeiro, estão as buscas aos amigos do ginásio; no segundo, a reflexão sobre seu isolamento. Dessa forma, o segmento posterior à visita a Félix retoma a narrativa de sua vida amorosa, iniciada com Aspásia e prosseguindo com o namoro de outra mulher. Há novamente uma resistência à passagem do tempo, pois a primeira namorada tem a força de eliminar a outra lembrança: quando pensa em Aspásia, pensa que só gostou dela; quando pensa na outra, entretanto, a força da realidade o orienta para a superação do tempo concluso. Ao fugir com a mulher para uma cidade distante, situa em outro nível o desejo adolescente de fugir para uma ilha de sonho: a aventura agora é real – "De cima da janela saía um fino raio de luz que iluminava as mãos de Francisca, a aliança, seu rosto, enquanto o ônibus corria pela estrada escura." – e indica a entrada do narrador na vida adulta, indiciando um tema que será decisivo dali por diante.

Um homem com dúvidas

Quando vai ao encontro de Mangonga, segmentos 7 e 8, o narrador sente que o antigo companheiro de farra poderá recebê-lo de forma menos angustiante. Entretanto, ocorre com Mangonga a mesma perda que no caso dos demais personagens, ainda que por razões diversas: ele desaparece na festa dissoluta que dissolve sua identidade, pois todos parecem conhecer e desconhecer Mangonga. Em príncipio, é o dono da casa; depois, é um dos convidados, só que nenhuma das pessoas que se encontravam ali havia sido convidada; Mangonga é gordo, mas todos são gordos na festa. Em lugar do amigo, o narrador encontra Izete, uma prostituta feliz, que não traz consigo nem culpa, nem ambições, nem passado, nem futuro: uma imagem que resume o vazio dos personagens ali presentes. Izete catalisa a angústia do narrador, justamente por estar ele em busca da identidade, das culpas, do passado. Tanto é assim que, ao lado da garota, ocorrem dois dos parágrafos mais densos do conto.

O momento de maior angústia do narrador coincide com o desejo radical de negação: o tempo que ele busca é o da vida "sem enredo", sem continuidade e, portanto, sem destruição. Curiosamente, o que encontra é a vida diluída pela festa em que ninguém conhece ninguém. Mangonga não se perdeu, como os amigos anteriores, nas malhas do dever que a vida adulta impõe, mas, justamente, na falta de compromisso. A festa de Mangonga esvazia de sentido a sexualidade e nega o "enredo" imposto pela consciência do tempo; ao narrador, só resta esquecer, ao lado da pequena prostituta "que não sofre".

A busca a Mangonga não só se dá numa festa, como também no momento climático do conto. O seu desaparecimento intensifica o sentido de perda dos amigos anteriores, e prenuncia a perda radical do próximo encontro. Mas representa muito mais, o que justifica o maior desenvolvimento narrativo da seqüência. A reflexão que vinha cruzando alternadamente os segmentos, passa agora a ser uma extensão da cena: antes, busca e reflexão eram momentos diferentes; agora, a reflexão se dá no cenário da busca – final do segmento 7 e segmento 8 –, indicando um maior peso da consciência narradora no tempo presente. E não deixa

SOLIDÃO E TEMPO

de ser curioso que essa angústia reflexiva ocorra no momento de maior diversão.

Os dois planos temáticos da narração – o tempo, concretizado na busca dos amigos, e a sexualidade, nas lembranças de Aspásia e Francisca – fundem-se agora, em plena festa, não de forma positiva: em meio aos maiores "divertimentos", o narrador profere a palavra corrosiva de Pascal: o homem é cloaca/escória do universo. A lembrança de Pascal nesse momento concentra vários indícios do pensador espalhados pelo livro, bem como do cristianismo difuso que há na obra, algo que faz lembrar a literatura católica do período.

Para citar alguns exemplos: no primeiro conto, "Fevereiro ou Março", o Conde Bernstroff ouve Bach, cuja música forma um contraste com a figura suspeita do conde[5]. E a música de Bach reaparece mais tarde, num outro texto, numa bela passagem de "Curriculum Vitae", preenchendo de sereno desencanto a atmosfera do conto: "Depois ele pegou o disco que havia trazido, colocou na vitrola, e começou a acompanhar a música no bongô. Ela veio e sentou-se perto dele, e quando a música acabou disse, meu bem, que coisa mais bonita, que coisa linda, que música é essa? me deu até vontade de chorar. *Jesus, Alegria dos Homens*, respondeu ele, meu amigo Zezinho me deu idéia de tocar essa música no bongô. Os dois ficaram então de mãos dadas um longo tempo"[6].

A figura de Cristo, por seu turno, ganha uma presença maior no conto que estamos lendo, no tempo de infância dos personagens, e é lembrada pelo narrador justamente no instante tenso da festa, ao dirigir-se ao amigo ausente: "Mangonga, onde é que está o nosso tempo de garoto? era bom, era mágico, voávamos, ressuscitávamos como Jesus Cristo e também não tínhamos

5. Cf. *Os Prisioneiros*, p. 14.
6. *Os Prisioneiros*, p. 54.

3 7

biblioteca, nem enciclopédia britânica, a vida sem enredo, sem religião".

A figura de Pascal aparece, igualmente, em contos anteriores, para depois cruzar-se, no segmento que lemos, com a de Cristo. Refiro-me ao conto "Henri", que fala de um celibatário francês, um sinistro dândi para quem a leitura de Pascal é forma de ascese à violência. O nó dramático do conto ocorre inclusive entre Henri e Mme. Pascal, "uma feliz coincidência de nomes, pois Pascal era o seu mestre, o seu favorito e sua leitura lhe dava tanto prazer quanto a de Vitor Hugo"[7]. E o conto prossegue descrevendo os movimentos do pensamento de Henri, cujas leituras românticas e bom-tom da figura disfarçam o frio assassino de mulheres.

Assim, quando o leitor chega ao último conto do livro, não estranha a presença do pensador nas reflexões angustiadas do personagem. Este, como tantos outros de seus pares, encarna o homem miserável de Pascal, corroído pela dúvida. O narrador dissera no início do relato: "Eu sou hoje um homem tão cheio de dúvidas"; e logo a seguir: "as dúvidas não me deixarão dormir, um homem com dúvidas não dorme nunca". Não por acaso, em meio à agitação da festa, ele se lembra da palavra do pensador: é que a cena traz à lembrança a análise impiedosa que Pascal faz dos "divertimentos" do homem, forma de encobrir o abismo de seu nada:

A única coisa que nos consola das nossas misérias é o divertimento e, no entanto, essa é a maior das nossas misérias. Com efeito, é isso que nos impede principalmente de pensar em nós e que nos perde insensivelmente. Sem isso, ficaríamos desgostosos, e esse desgosto nos levaria a procurar um meio mais sólido de sair dele. Mas o divertimento alegranos e leva-nos insensivelmente à morte[8].

7. *Os Prisioneiros*, p. 44.
8. Blaise Pascal, *Pensamentos*, trad. Sérgio Milliet, São Paulo, Abril Cultural, 1980, p. 80.

SOLIDÃO E TEMPO

Logo depois de citar Pascal, o narrador fala da inexistência de Deus e de quão horrível é nossa condição. Assim, o Pascal que ele cita é o pensador da miséria do homem, anterior à aposta na existência divina. Desse modo, o cristianismo que aparece em duas ou três passagens do livro, e mesmo as referências ao Cristo da infância, falam de uma religiosidade desprovida de Igreja e Eternidade; é antes um sentimento que faz fronteira com a música (Bach) e com a poesia (Pessoa). O problema voltará mais uma vez na busca final, como fechamento de outra porta do passado. É hora, portanto, de procurar os últimos amigos do narrador, Ulpiniano-o-Meigo e Najuba.

A partir de agora, o tempo se comprime de forma dramática no presente. Os segmentos finais iniciam-se pela eliminação irônica do objeto funesto, irônica por ser a derradeira tentativa do narrador em apoiar-se num mundo mágico que o pensamento não cansa de destruir. É a cena em que ele joga o punhal florentino ao mar, e fica sabendo que vários suburbanos amanhecem afogados. Tendo eliminado o objeto agourento, vai em busca de Ulpiniano-o-Meigo; a ironia maior é determinada pela contigüidade das situações: consome com o objeto para livrar-se do azar, e isso traz a pior das notícias: como os suburbanos, o meigo amigo "aparece" morto. Toda a cena é o cruzamento das lembranças do tempo de infância com a aspereza do presente, da meiguice do personagem quando criança com a hostilidade criada ou receptada pela ideologia. Ocorre, nesse caso, a maior das perdas para o narrador, pois além de conhecer que o amigo se transformara num homem feroz, tem a derradeira certeza de que o tempo havia passado, com a presença definitiva da morte.

O cruzamento da lembrança emocionada com a desilusão do presente é feito de modo admirável pelo autor: o diálogo compacto entre o narrador e a viúva do ex-amigo é bem diferente do diálogo ríspido entre ele e Félix. Neste de agora, o embargamento da voz faz que os dois fios se cruzem a todo momento, criando uma confusão entre as vozes, que pode fazer passar despercebido um detalhe como este: a viúva pergunta quem havia ressuscitado na infância: "Ulpiniano?" O Meigo. O adjetivo aparece fora das aspas, sem o hífen e destacado do nome, contrário ao que vínhamos lendo até então. A mulher pergunta pelo nome do marido; o narrador completa o nome do amigo, a parte que os sofrimentos da mulher não conheceram. Na conversa com Roberto, ele se lembrara de uma frase de Ulpiniano: "'Tratar todos com ternura e compreensão', esse era o seu lema, por isso é que escolhera o sobrenome de Meigo. Ele *era* meigo".

A opção

Chegando quase ao fim do caminho, haverá uma breve forma de ascensão: para encontrar Najuba, o narrador sobe uma extensa ladeira que o leva ao último dos amigos, convertido em frei. A perda da identidade é dada de saída pela mudança de nome; mas ao contrário dos amigos anteriores, o último representa uma tentativa de mudança para o narrador. Durante a conversa com Najuba, compreende que o antigo companheiro fechara as portas do passado para livrar-se das "crueldades da juventude", e só pensava na vida futura. Justamente por isso, o último encontro abre-se para uma nova realidade: a própria subida da ladeira tem um significado de ascensão – depois da experiência descendente da morte de Ulpiniano-o-Meigo – mesmo porque a ressurreição dos tempos de infância volta à conversa dos dois. Mas o que era brincadeira, zombaria alegre com os padres do ginásio, transforma-se em conversa decisiva para os adultos:

"Deus existe ou está em nossa imaginação?"
"Os homens sem imaginação não alcançam Deus. Deus existe."

SOLIDÃO E TEMPO

"Eu não sei. Agora, aqui neste silêncio, neste mosteiro velho, eu não sei. Mas em outras ocasiões, *sei* que ele não existe."
Sentamo-nos em um pátio, debaixo de uma árvore. O vento balançava de leve as folhas.

Ao tentar reviver o passado com Najuba, percebe que o outro havia descoberto uma nova vida na religião e rompera com o passado. Quem desejava se lembrar era ele, "que não queria construir nada de novo". Com essa conversa, fecham-se de algum modo as portas da memória da infância para o narrador, pois os amigos haviam tomado caminhos interditos para ele. Ao descer a ladeira que o traz de volta à cidade, sabe que a vida não parou e tenta, ele também, a sua conversão.

A última seqüência retoma o espaço inicial do quarto, e faz referência ao movimento realizado pelo pensamento, ao dizer que este é a coisa mais rápida que existe; ao mesmo tempo, o narrador se diz muito cansado, o que demonstra o longo caminho percorrido. Mas o último trecho do conto aponta para um movimento leve e novo:

[...] ouço o tique-taque do relógio de pulso na mesa da cabeceira. Fechei as portas? Não quero mais pensar nisso. Passei a vida pensando em fechar portas. De qualquer maneira, apesar da enorme dúvida, sei que as fechei. E também janelas, basculantes, tudo. Tudo fechado. Mas ouço um barulho diferente. Talvez pés levíssimos levando um corpo franzino e um outro coração batendo, e outro pulmão respirando. Não pensarei mais no passado. Sei.

Ao terminar o conto, surge concretamente a presença do tempo, através do barulho do relógio na cabeceira, indicando a supremacia do tempo exterior sobre as lembranças. O fato de não se preocupar mais com as portas e janelas fala não só de seu esgotamento, como da indiferença por isolar-se da realidade a sua volta. Logo em seguida, ouve um insólito e derradeiro som que, apesar de indistinto, supõe ser os passos levíssimos de um corpo carregando outro corpo franzino. Há nessa cena de um corpo "levando" outro corpo, de um "outro" coração batendo, "outro" pulmão respirando, o movimento incessante da vida que não pára de se renovar: a imagem criada pelo narrador insone pode falar de uma mãe com seu filho, a chegada e o adeus à infância. Em seguida, diz que não pensará mais no passado, pois agora, depois de narrar o que viveu como desencanto, está apaziguado consigo mesmo. "Um homem com dúvidas não dorme nunca", dissera ele a certa altura do conto: o último e solitário verbo põe ponto final a todas as dúvidas conservadas até então. Depois da noite de insônia e confissão, surge o apaziguamento para o dia que vai nascer.

Mas que "sabedoria" está contida no verbo final? A busca empreendida pelo narrador tem um sentido exemplar: visita vários amigos e todos estão perdidos para a sua convivência, que não vê sentido nem no mundo alienante dos negócios (Roberto), nem no mundo burguês das aparências (Félix), nem na devassidão (Mangonga), nem na ideologia partidária (Ulpiniano-o-Meigo), nem na religião (Najuba). Como outros personagens de Fonseca, esse também está desgarrado da comunidade – nesse caso pelo trabalho paralisante da memória, que o retira do ritmo da vida diária. A aceitação final implica, por um lado, o rompimento da clausura interior, um primeiro passo para a negação da epígrafe do livro; e por outro, certa ausência de compromisso com as instituições. Ele cria uma situação de transgressão, a partir da qual estará sempre negando aqueles valores: ou de fora, como "posição" crítica; ou de dentro, como "consciência" crítica, em crise. O caminho, de agora em diante, será o perigoso jogo com a marginalidade.

SOLIDÃO E TEMPO

A linguagem

O conto comentado guarda semelhança com o filme de Louis Malle, *Le Feu Follet* (Trinta Anos Esta Noite), do mesmo ano, com a grande diferença dos finais: enquanto o personagem do filme caminha para o suicídio, o do conto caminha para a superação da noite e da morte. Não resta dúvida de que a sabedoria do narrador está em aceitar a passagem do tempo, a perda definitiva dos amigos; o movimento dessa consciência estará obsessivamente colado ao presente, ainda que o narrador não consiga deixar de pensar no passado, como gostaria. O "sei" final quer significar um compromisso com o tempo presente, lançando o narrador nas ruas da cidade e num ritmo irrefreável de desejos. Haverá no percurso a tentativa recorrente de abolir o pensamento, toda vez que se sentir tolhido na busca do prazer descompromissado. "O homem que se diverte" será interceptado a todo momento pelo "homem que pensa", o que dará àquela consciência um indisfarçável sentimento de culpa.

Numa das primeiras críticas sobre o livro, João Alexandre Barbosa faz uma notação acerca da linguagem de Rubem Fonseca que se confirma nos livros posteriores: depois de dizer que ela oscila entre o penumbrismo e a objetividade, o crítico define sua linguagem como "violenta mas reflexiva"[9]. A expressão concentra uma duplicidade que implica o movimento desagregador do desejo transformado em trabalho pensado de escrita. Tal atitude está no conto que acabamos de ler, indiciada numa frase como esta: "Verifico satisfeito que apesar de aflito, nem por um momento perco minha lucidez". A oposição sela a situação do narrador

9. João Alexandre Barbosa, "Onze Contos Insólitos", *Opus 60*, São Paulo, Duas Cidades, 1980, p. 123.

4 3

em toda a obra de Fonseca, conforme teremos oportunidade de ver repetir-se.

Talvez seja certo dizer sobre ele também o que Álvaro Lins disse a respeito de Graciliano Ramos: "O autor não somente vive a angústia, mas é também um historiador da angústia"[10]. Por trás do movimento caótico, portanto, persiste uma consciência que pensa o mundo, tendo como referência o conhecimento dos livros e dos homens. Violência, prazer e aventura aparecem "historiados" em sua obra, ou seja, pressupondo um intervalo entre relato e experiência vivida, ainda que o narrador tente muitas vezes elidir essa distância. Daí porque haverá o constante jogo paródico, o resgate das formas romanescas, que acabarão traindo a angústia dessa consciência em querer encontrar na vida rebaixada do real o modelo forjado na leitura e na escrita.

As razões do coração

A situação vivida pelo personagem do conto "O Inimigo" é também a situação de outros personagens do livro: todos precisam acertar contas com o passado, e por isso vivem ilhados na comunidade, sem possibilidade de comunicação ou de contato. O último conto do livro é, por isso, um caminho que se abre depois do acerto de contas, o que lembra o caminho percorrido pelo contista norte-americano Thomas Wolfe, de quem nos fala o próprio Fonseca, num pequeno ensaio que mescla ficção e memória[11]. Para citar exemplos que estendam os comentários feitos ao conto, lembro de "Gazela", em que um casal de namora-

---

10. Álvaro Lins, "Valores e Misérias das Vidas Secas", *Os Mortos de Sobrecasaca*, Rio de Janeiro, Civilização Brasileira, 1963, p. 151.
11. Esse ensaio foi publicado na revista *Status*, por volta de 1980; a mesma situação do ensaio aparece no conto "Véspera", de *Lúcia McCartney*.

SOLIDÃO E TEMPO

dos foge para viver longe da família; entretanto, a mistura de culpa e medo inibe o personagem de consumar o ato amoroso com a companheira; depois de alguns dias de indecisão numa cidade estranha (São Paulo), ambos percebem que ele não a ama. A imagem da antiga namorada, porém, não sai da lembrança do narrador, e muito tempo depois está diante de um ouvinte-analista, buscando entender o que se passou.

Como em outros casos, é a história de um jovem dilacerado por amor e medo; e o inusitado título do conto já remete o leitor ao imaginário do romantismo brasileiro. Em determinado momento, o narrador diz uma frase que pode servir de síntese a ele e a outros solitários do livro: "Uma coisa horrível que existe no mundo é o fato de os jovens não terem liberdade para amar. Mas pior ainda do que isso é que eles não sabem amar; e no entanto foram feitos para o amor"[12].

Vários contos tratam de desencontros amorosos, com grande incidência de espaços fechados, onde se exaspera a intimidade sufocada. Em "Curriculum Vitae", para citar outro exemplo, a sensualidade satisfeita da mulher diante do espelho não tem olhos para perceber que o tocador de bongô da história que ela ouve – que não tem emprego, não sabe trabalhar, vivendo unicamente da harmonia com a música – é seu próprio companheiro-narrador, que tem a certeza desencantada de que ninguém compreende ninguém. Ao terminar o relato da vida de músico "amador", ele parodia o verso utilizado a caráter pela ideologia, dizendo que o homem é realmente uma ilha[13].

Do ponto de vista das relações afetivas, o livro traz cenas protagonizadas por personagens inibidos, com a presença opressiva do círculo familiar, uma juventude "desarvorada ante as con-

12. *Os Prisioneiros*, p. 61.
13. Cf. *Os Prisioneiros*, p. 56.

tradições de um mundo novo dirigido por velhos"[14]: "Ele foi à casa da mocinha que ele amava, com o bongô debaixo do braço, e um disco. Quando entrou a mocinha disse, você não cortou o cabelo, ah, que bom que o papai não está em casa, ele cismou com o teu cabelo"[15]. Há uma adolescência machucada nesse livro, em que a imagem do coração aparece de forma recorrente, resguardando suas razões diante do prosaísmo do mundo, prosaísmo que, no caso de Fonseca, se encaminhará para uma visão apocalíptica da sociedade "tecnocrática".

Para exemplificar o tema pascaliano das "razões do coração", pode-se pensar no conto que justamente elimina de forma irônica os sentimentos, reduzindo a vida e o corpo à matéria: "Duzentos e Vinte e Cinco Gramas". É o relato impiedoso da autópsia de uma industrial, Elza Wierck, que morrera esfaqueada por um maníaco; como fosse estrangeira e não tivesse parentes, um dos três homens que vão ao Instituto, todos ex-amantes da mulher, acaba assistindo à sessão. Depois de uma exibição de sadismo, o médico-legista retira o coração do cadáver para pesá-lo, erguendo-o na mão. A cena tem um ar ritualístico, culminando com uma frase ambígua do legista:

Nas mãos enluvadas o legista segurou o coração da mulher. Parecia uma pêra; escuro.

"Duzentos e vinte e cinco gramas", disse ele, pesando na balança. "Não foi atingido"[16].

Para além do olhar deflorador do médico – a decepção sádica de encontrar o órgão imune à faca do agressor – a frase pode

---

14. Fausto Cunha, "Contistas", *Situações da Ficção Brasileira*, Rio de Janeiro, Paz e Terra, 1970, p. 81.
15. *Os Prisioneiros*, p. 54.
16. *Os Prisioneiros*, p. 26.

SOLIDÃO E TEMPO

ser entendida como a parte recôndita da mulher que morrera sem ser conhecida, sem ser "atingida" pelo amante que assiste à sessão. Isso está relacionado com a situação de abandono, sugerida pela ausência de vínculos familiares e pela própria situação profissional da mulher: "Além do mais, tinha o seu trabalho, não podia nem tinha tempo para laços mais íntimos"[17]. Ou seja, o corpo consumido pela Indústria, estando vivo; e pelos Regulamentos, quando morto. Terminada a autópsia, o rosto da mulher é recomposto, e o homem que assistia sai sem correr, a fim de vencer o desafio do médico-legista. Chega à rua e compõe a fisionomia: o rosto recomposto/ a fisionomia recomposta. Entre a carne do corpo submetido às violências dos regulamentos e a máscara do homem ereto na rua, há o intervalo da ausência de relações afetivas, dado na ironia ostensiva do título.

Há uma correspondência entre o motivo do coração "inatingido" e as várias menções ao coração como expressão da vida amorosa: uma delas no conto "Curriculum Vitae", do personagem solitário que conversa com a companheira: "será que essa louca não entende? meu coração está longe, cortado pelo meu pensamento"[18]. Uma outra referência aparece em "Gazela": depois que a namorada pede que sugue seu seio, o narrador, cuja inibição o proíbe de consumar o ato amoroso, diz que com aquilo "ela quisera ser marcada por mim", algo que continuaria queimando "o seu coração, para o resto da vida"[19].

A prisão alegórica

Além do enclausuramento no quarto e no coração, há no livro outros modos de tratar a violência, tema que identifica o au-

17. *Os Prisioneiros*, pp. 20-21.
18. *Os Prisioneiros*, p. 55.
19. *Os Prisioneiros*, p. 61.

47

tor para grande parte de seu público. Em pelo menos dois casos, o tema aparece de maneira ostensiva: o primeiro, é o do conto comentado acima, "Duzentos e Vinte e Cinco Gramas"; o segundo, também já citado, é o da paródia à história de Barba-Azul, que na obra do autor se chama "Henri". Num primoroso exercício estilístico, o autor dá voz a um dândi francês que assassina as mulheres que conquista, trazendo, como em outras recriações da história de Charles Perrault, sinais de uma violência seminada pela sexualidade. Mas o que há de comum ou diferente entre essa violência e aquela que mais tarde irá tornar contundente a obra do escritor?

Ao ler os dois contos, fica evidente ao leitor que a violência vem fortemente marcada por motivações psicológicas, traço que irá persistir em toda a obra. A descrição da autópsia denuncia a violência institucionalizada que não respeita qualquer sacralidade do corpo, transformando-o em material de trabalho pouco ou muito sádico. Mas além de ser uma escolha particularizada demais para se tornar abrangente, o conflito é claramente um caso pessoal entre os dois homens, uma forma de erotismo sanguinário do médico que quer possuir o corpo da mulher na presença do ex-amante. Observe-se um trecho do diálogo entre os dois homens:

"Acabou", disse o legista.

"Fiquei até o fim", disse o homem que assistia.

"Ficou, ficou sim", disse o legista, tentando disfarçar o desapontamento de sua voz.

"Agora vou-me embora", continuou o homem, falando baixo.

"Vai, vai", disse o legista, com certo desalento.

Os dois olharam-se nos olhos, com um sentimento escuro, viscoso, mau[20].

20. *Os Prisioneiros*, p. 26.

SOLIDÃO E TEMPO

Quanto a "Henri", as implicações com a sexualidade são mais claras ainda, pois se o personagem sonha com o Mestre, sonha igualmente com o Pai, num edipianismo em branco-e-preto:

Henri verifica então que na face do pai não existe a menor expressão, que no lugar dos olhos existem dois buracos negros, fundos. Henri segura a corda e começa a puxar, é um peso enorme e ele tem que se ajoelhar no chão para conseguir fazer o corpo do pai subir. Enquanto sobe, preso pelo pescoço o corpo começa a mudar de forma, a ficar longo. Agora o corpo está lá em cima; o rosto do pai continua o mesmo durante algum tempo, mas, de repente, ele mostra os dentes como se fosse uma careta ou um sorriso, ou as duas coisas ao mesmo tempo e, entre os dentes, surge uma ponta de língua vermelha, a única coisa que não é branca ou preta em todo o mundo[21].

No caso desse conto, há outro traço a considerar: é o fato de que a violência está, por assim dizer, descontextualizada, já que o narrador aqui se encontra longe da banalidade das ruas de sua cidade. A proximidade vem com o livro seguinte, quando surge o delegado Vilela, protagonista de "A Coleira do Cão", perdido entre a pobreza e a marginalidade das favelas fluminenses. De qualquer modo, o grande tema que irá marcar a obra já está no primeiro livro, antes mesmo de o país entrar no regime de exceção que começaria logo em seguida.

Um fato bastante significativo é a presença no livro de um dos temores atávicos do homem, a fragmentação do corpo, cuja representação pode ter sido alimentada pela convivência do autor com a área policial. Mas a violência em "Duzentos e Vinte e Cinco Gramas" está inserida num espaço restrito demais e, em "Henri", num espaço distante demais para conseguir ganhar, num

21. *Os Prisioneiros*, pp. 47-48.

49

caso ou noutro, uma abrangência maior de representação. Por enquanto, podemos dizer que a violência que marcará sua obra não encontrou ainda "ambiente", mas terá ocasião propícia para se realizar enquanto tema e linguagem, no momento em que o sofrimento de boa parte da população for o preço exigido para o propalado avanço tecnológico.

Se a epígrafe do livro fala dos prisioneiros de si mesmos, como os jovens sufocados pelas frustrações amorosas, o título da coletânea indica um outro conjunto de contos, cujos personagens estão submetidos a uma forma de totalitarismo alegórico. A crítica tem visto alegoria nos contos publicados na década de 70; entretanto, Terceirodomundo, dono da academia de halterofilismo no conto "O Inimigo", mostra que a alegoria está presente na obra desde o início. Um dos casos mais claros de alegoria é o que aparece nos autos medievais, nas figuras universalizantes dos vícios humanos: Todomundo, Ninguém etc. Ocorre, com esse personagem de Fonseca, uma relação paronomástica entre o signo de alegoria religiosa e o signo de alegoria política: Todomundo/ Terceirodomundo.

Se a angústia que circunda os personagens tem raízes na sexualidade, em vários momentos do livro, no entanto, o autor implícito busca negar a tirania criada pelo impulso erótico como causa daquele aprisionamento. Há empenho em negar a restrição das determinações à sexualidade, dando a elas um sentido mais historicizado. O primeiro texto, nessa direção, é "O Conformista Incorrigível", conto que se reduz a uma cena dramática. É uma paródia aos teóricos da libertação sexual – nas figuras de Erich Fromm e Norman Mailer – que, ao contrário do que pregam, acabam transformados em mistificações totalitárias, o que mostra quanto o personagem de Fonseca estava afastado dessa "libertação". O Instituto lembra, em vários aspectos, uma organização nazi-fascista: os nomes dos médicos, cuja sonoridade dura

SOLIDÃO E TEMPO

– Dr. Prom, Dra. Kreuzer – contrasta com a suavidade sonora e semântica do personagem central, Amadeu – Amadeus, Deus, Ama etc. –; ou então, a cena final dos médicos em posição de continência, com a repetição em coro de palavras-de-ordem. E isso representado na batida igualmente dura do diálogo, que, da mesma forma como ocorre em outros momentos da obra de Fonseca, busca atingir o leitor com a rispidez da cena sem mediação, estreitando no mesmo passo enunciado e enunciação.

A posição de rebeldia que Amadeu mantém perante o Instituto situa-se contrariamente à questão da "Nova Ideologia do Sexo", e procura negar a tirania exercida em favor de uma uniformização de comportamento. Amadeu é "altamente perigoso", "alienado" e tem "desavergonhadas inclinações gregárias" porque acha que a coisa mais importante "é aprender a conviver com outras pessoas"[22]. É interessante observar a mudança que ocorrerá mais tarde em relação a uma situação como essa: aqui, a ruína de Amadeu deve-se à sua natureza serena e cordata, que não se enquadra no ideário do Instituto. Posteriormente, os personagens de Fonseca também cairão em desgraça, mas por razões diversas, quando a ideologia for a ordem a qualquer preço, e eles se tornarem igualmente incômodos.

O Instituto reaparece justamente no conto que dá nome ao volume: "Os Prisioneiros". Aqui também a cena dialógica é o modo de representação em que se debate um outro arruinado, o paciente que busca na psicanálise a cura das crises que mortificam seu corpo. Nas primeiras edições do livro, aparecia um trecho de diálogo entre o paciente e a psicanalista, que pode ter sido suprimido pelo tom pedante, assim como o autor substituiu várias expressões estrangeiras, com certeza pelo mesmo motivo. O diálogo é este:

22. *Os Prisioneiros*, pp. 32 e 34.

5 I

Cliente – Os psicanalistas parecem divididos em duas categorias: os que sabem inglês e os que não sabem inglês.

Psicanalista – Como assim?

Cliente – Os que sabem inglês aprenderam sua ciência com o Tenessee Williams; os que não sabem, com o Nelson Rodrigues.

Psicanalista – O senhor não gosta do Nelson Rodrigues?

Cliente – Já vi que a senhora não sabe inglês.

Psicanalista – Sei sim. Mas por que o senhor não gosta do Nelson Rodrigues?[23]

A despeito do comentário superficial sobre a obra dos dramaturgos – outra razão possível para a supressão do trecho – o certo é que a sexualidade é negada como fonte única das tensões do personagem, pois todos estão consumidos pela alienação que a instituição fabrica. Prisioneiros como o paciente do conto – que mesmo em tratamento de saúde não consegue ficar sem gravata – reaparecerão constantemente na obra; em todos o motivo da coleira do cão. Instituição e Ideologia atuam complementarmente para cercear a liberdade de uma subjetividade que não crê em explicações que tragam o selo da ciência. Em "Gazela", por exemplo, o narrador diz a seu interlocutor: "Freud é uma questão de fé, ou a gente crê nele ou não crê. Eu não creio. A mesma coisa com Marx"[24].

O corpo transgressor

O estilo de Rubem Fonseca foi definido através de várias categorias e adjetivos: realismo, realismo feroz, realismo fantástico, surrealismo, pop-art, grotesco, alegoria, hiperrealismo, pós-modernismo etc. A mistura de expressões mostra que o autor, um

---

23. *Os Prisioneiros*, Rio de Janeiro, GRD, 1963, p. 102; e também Rio de Janeiro, Olivé, s.d. (incluindo *A Coleira do Cão*), p. 108.
24. *Os Prisioneiros*, p. 63.

artista inquieto da frase, joga com recursos e riscos. É certo que alguns termos não aparecem com muita precisão na crítica, como também que não são necessariamente excludentes; e dada a verve estilística de Fonseca, sempre pronta para a alquimia da frase insólita, podem figurar como definição de diferentes momentos ou textos. Entretanto, um traço fundamental do modo de representar é a categoria do grotesco, que pode dar conta de alguns aspectos apontados como vinculação do autor às "estéticas" das últimas décadas. Sem dúvida, há relação entre a obra de Fonseca e essas tendências; mas seria reduzir sua obra quase a um modismo, quando ela tem se mostrado resistente ao tempo. Seria negar também a base de leitura crítica que há, explícita ou implicitamente, no rico imaginário do seu narrador.

Em função disso, há um último aspecto a considerar no primeiro livro, de forma particularmente visível no conto "Natureza Podre ou Franz Potocki e o Mundo". O conto narra as desventuras de um pintor que conhece uma fama avassaladora e depois, inexplicavelmente, cai no esquecimento. Na verdade, isso não ocorre por razões inexplicáveis: ele e a obra são transformados em mercadoria que obedece à moda e, portanto, às leis de mercado. Mas o mais importante para a leitura dos contos futuros do autor é o fato de que a pintura de Potocki é descrita nos seguintes termos: "Algumas pessoas achavam o vocábulo natureza-podre chocante, conquanto, mesmo estes, reconhecessem que a pintura de Potocki possuía um *fascinante dinamismo*, repugnante e pervertido, que não se encontrava em nenhum outro tipo de pintura." E também: "A análise mais aceita na ocasião foi a de que a arte de Potocki derivava de um pavor atávico supersticioso das forças misteriosas da natureza; através da sua arte, Potocki procurava *aplacar os poderes hostis da natureza, rendendo-se a eles.*"[25]

25. *Os Prisioneiros*, pp. 69 e 68, grifos nossos.

A descrição de sua pintura condiz com o modo de representação peculiar a alguns pintores estudados no livro sobre o grotesco de Wolfgang Kayser. E o sentido da arte grotesca, para o estudioso alemão, coincide com a análise da pintura de Potocki: "O obscuro foi encarado, o sinistro descoberto e o inconcebível levado a falar. Daí somos conduzidos a uma última interpretação: *a configuração do grotesco é a tentativa de dominar e conjurar o elemento demoníaco do mundo*"[26].

O grotesco escapa a um sentido fechado, ou seja, não é representação de uma idéia, pois situa o estranho e as demais figuras dentro de uma mesma ordem e realidade. Ocorre que o corpo estranho, sendo parte diferente de um todo, problematiza, em diferentes níveis, a totalidade. A ausência de um significado definido para o grotesco aparece também numa passagem do conto mencionado:

> Ele achava que nada tinha, que aquelas coisas que lhe diziam nas *vernissages* (ele odiava, aliás, essas reuniões) nada significavam, pois na verdade as pessoas mostravam um total desconhecimento dos seus objetivos ao pintar aqueles quadros. Ele mesmo não sabia ao certo o que queria dizer, mas o esforço para fazer cada quadro quase o matava; quantas vezes seu corpo tremera tanto que a espátula lhe caíra das mãos; ou sua vista escurecera e ele desmaiara para acordar horas depois no chão do estúdio[27].

A representação do podre, do asqueroso, por parte de Potocki, está em acordo com os aspectos que caracterizam um dos possíveis grotescos, aquele que mexe com a representação do baixo e do repulsivo. Dessa forma, o conto situado no início do percurso pode ser visto como síntese do modo de representação

---

26. Wolfgang Kayser, *O Grotesco*, trad. J. Guinsburg, São Paulo, Perspectiva, 1986, p. 161, grifo do autor.
27. *Os Prisioneiros*, p. 70.

que Rubem Fonseca irá cultivar em sua trajetória. Curiosamente, a entrada de Fonseca no grotesco dá-se pela relação entre literatura e pintura, coincidindo com o próprio Kayser, que em sua pesquisa vai ao grotesco pela via pictórica.

Como se sabe, um dos ensaios que se tornaram centrais para a interpretação do grotesco é a análise feita por Freud do conto de E. T. A. Hoffmann, "O Homem da Areia". O leitor se recorda da explicação do autor para a questão do *Unheimlich*, dizendo que a aparição do estranhamento é fruto de algo que estava recalcado e que volta como Outro: daí ser ao mesmo tempo estranho e familiar[28]. Mas esse estranhamento não é somente o estranhamento próprio da linguagem poética: a questão principal é articulá-lo com o grotesco enquanto representação do corpo.

Freud aceita a explicação de que o sinistro estaria ligado, no conto de Hoffmann, à boneca Olímpia, que desorienta o personagem central do conto, Natanael. Mas acrescenta que o dado de maior concentração sinistra está na figura que dá título ao conto, o "homem da areia", que mutila o corpo das crianças, arrancando-lhes os olhos, e que para Natanael está ligada à figura repulsiva de Copélio[29]. Seja Olímpia, seja Copélio, o terror que volta sinistramente para o jovem do conto está *incorporado* no Outro, o que determina a relação do grotesco com o corpo: sinistramente autômato, no caso de Olímpia, sinistramente violento, no caso de Copélio. E se nossa intenção fosse descer às explicações psicanalíticas do autor do ensaio, elas também nos dariam uma determinação *corpórea* do problema, à medida que Freud o vincula ao temor da castração[30].

---

28. Sigmund Freud, "O 'Estranho'", *Obras Psicológicas Completas*, trad. Jayme Salomão, Rio de Janeiro, Imago, 1976, v. 17, pp. 271-318.
29. Cf. S. Freud, *op. cit.*, pp. 284-285.
30. Cf. Idem, *ibidem*, p. 304.

De uma forma ou de outra, o corpo tocado pela marca do grotesco será sempre inquietantemente diferente, transgressor a uma imagem acabada. E é necessário desde já desvincular o grotesco do sentido corriqueiro de risível, pois quando ele levar ao riso, poderá ser um riso tenso que libere uma seriedade assustadora. É certo também que a gama de variações é grande para essa forma de representação, e nem sempre o corpo diferente na obra de Fonseca terá tal atmosfera desconcertante. Às vezes, será caminho para a superação dos recalques, e dará motivo a uma comunhão inusitada e vertiginosa, feita de toda sorte de cores e proporções. Entre os dois extremos, uma multidão de personagens insólitos que falam ou calam em nome das diferenças.

Portanto, o grotesco pressupõe fundamentalmente a imagem do corpo: daí se reproduzirem os inúmeros motivos românticos de estranhamento perante o Outro, isto é, perante o corpo do Outro; daí também que uma das formas mais conhecidas de grotesco seja justamente a caricatura. É certo que o espaço e tudo o que se liga ao corpo pode estar indiciado com a estranheza, tocado pelo insólito; entretanto, é o corpo que sofre as maiores mudanças na representação grotesca. Tendo em vista os exemplos mencionados por alguns críticos que se ocupam do assunto, é possível estabelecer certas categorias para o corpo que, de uma forma ou de outra, assume uma valoração transgressora: o corpo mutilado, o corpo inanimado, o corpo mecanizado, o corpo tratado como títere e o corpo com traços exacerbados. Mas qualquer conceituação nesse sentido seria uma redução, pois muitos elementos podem contribuir para cercá-lo de um aspecto estranho, dando à figura a aura muitas vezes sinistra que a circunda.

A imagem do corpo grotesco não demora a aparecer na pintura de Potocki. A passagem se faz por etapas: o modo como as pessoas o olhavam estranhamente liga-se à recordação dos tempos de infância, quando o pintor já tinha olhos maduros para o corpo que carrega consigo o peso da diferença:

E a maneira pela qual o olhavam? E trocavam segredos, ao vê-lo? E quanto mais infeliz ele se sentia e mais ensimesmado ele se fazia, mais eles o olhavam e mais cochichos eram trocados. Ele se lembrava que era assim, dessa maneira, que, quando menino, olhava nos circos para os anões, os gigantes, o homem tatuado, a mulher barbada[31].

São essas figuras do espaço insólito do circo que irão gerar no artista Potocki o fascínio pelo aberrante, pelo ínfero, asqueroso e repulsivo, mas que traz consigo um movimento "fascinante". Ele criará então suas podres figuras humanas, que lembram os corpos dos personagens de Franz Kafka, um dos maiores exemplos do grotesco na literatura moderna, como o doente do conto "Um Médico Rural". A forma transgressora aparece como reação à uniformização do gosto e do comportamento. É o que ocorre no conto que estamos comentando: curiosamente, quando Franz Potocki cai na indiferença do público, seu quadro mais importante, exposto no aeroporto da cidade, é substituído pela arte figurativa e acadêmica[32].

O corpo transgressor estará em toda a obra de Fonseca, como será possível observar em outras ocasiões, ao eleger formas híbridas, inacabadas, excessivas como matéria representada, modos de transgredir a imagem do mundo vivo que se quer acabada. E não é só nesse conto de pendor teórico que encontramos o grotesco: a máscara, motivo tão sedutor para os românticos, aparece no insólito "Teoria do Consumo Conspícuo", conto igualmente ligado a um aspecto da sociedade de consu-

31. *Os Prisioneiros*, pp. 70-71.
32. Cf. *Os Prisioneiros*, p. 72.

mo, pois a operação "conspícua" que a mulher quer fazer a todo custo implica um desejo de fabricação do corpo; um desejo que se tornará ainda mais contundente na mulher de vinil do livro *Lúcia McCartney*, a boneca Gretchen. Mesmo no trecho citado páginas atrás, do conto "Henri", a figura desproporcional do pai que está sendo enforcado possui um dos traços mais incisivos do rosto grotesco, similar à máscara: o sorriso que se transforma em careta.

2

Corpo e Contexto

*O rosto dela ainda estava meio
sujo, uma sujeira feita de sangue e
Helena Rubinstein que o lenço não
conseguira apagar de todo.*

A Coleira do Cão

No primeiro e no segundo livro de Fonseca, os personagens estão condenados à queda e à culpa, a arrastar um pedaço da corrente. É um universo marcado por uma juventude desencantada, chocando-se constantemente com o prosaísmo do mundo: os conflitos familiares, a figura inibidora do pai, o desconcerto da sociedade, um sentimento insuportável de impotência, a recusa em romper os limites de proteção do quarto, a presença desafiadora da mulher, o braço da violência, temas e motivos ostensivos desde os contos de *Os Prisioneiros*. São personagens líricos, errando no espaço da grande cidade.

Dessa forma, nos dois livros não aparecem os movimentos culturais que criaram a agitação da vida brasileira nos anos de 60, nem especificamente a vida política do país: o ambiente é o do Rio de Janeiro anterior à vida acelerada da industrialização e da comunicação eletrônica. Entretanto, à certa altura do conto que abre *A Coleira do Cão*, o narrador constata finalmente: "Ah, estava explicado, pensei, o Rio estava ficando diferente".[1] A cidade que viu nascer nossa prosa de ficção e os nomes significativos do conto urbano, desde Machado de Assis a Aníbal Machado, estava se transformando e iria propiciar o nascimento de uma matéria nova ou renovada no conto brasileiro, a mescla de erotismo e violência.

Se o narrador constata que a cidade está mudando, para nós, leitores, interessa saber como o narrador começa ele também a mudar; de que maneira o primeiro livro perdura no segundo e, sobretudo, o que este último acrescenta ao anterior. Dos cinco volumes de contos de Rubem Fonseca, *A Coleira do Cão* e *O Cobrador* são os pontos altos do conjunto, sendo que cada um deles é o limite atingido pelo autor em dois modos distintos de estilo. A narrativa do livro que nos interessa por ora é feita de um lirismo contundente, que leva ao extremo a angústia de "O Inimigo", conto que fechava o livro anterior. O texto ganha muito de trabalho poético com a palavra, resultando numa linguagem repleta de momentos líricos, em que as frases se tornam mais longas e torneadas, num ritmo distendido e envolvente, ganhando as próprias narrativas maior extensão.

É preciso saber que caminho vai tomando o corpo marginal do primeiro livro; a notação inicial pode referir-se à epígrafe, que guarda identidade com a anterior, embora prenuncie algo de novo: "Já quebrei meus grilhões, dirás talvez. Também o cão, com grande esforço arranca-se da cadeia e foge. Mas, preso à coleira, vai arrastando um bom pedaço da corrente."

Na verdade, essa fuga já estava na resolução final do conto "O Inimigo"; entretanto, *A Coleira do Cão* muda significativamente em alguns aspectos: há uma aproximação maior em relação à realidade, e não só quanto à experiência amorosa, como também

---

1. *A Coleira do Cão*, p. 10.

CORPO E CONTEXTO

quanto à situação social. O livro aparece em 1965, pouco tempo depois da tomada do poder pelos militares; no conto "Madona", o adolescente-narrador vai ao aeroporto do Galeão com um grupo de amigos ouvir o barulho dos aviões decolando, bem próximos à pista, num ritual marcado por certo masoquismo de uma juventude que não encontrou seu caminho: o som dos aviões invade o corpo por todos os poros. Quando o grupo de amigos chega ao aeroporto, o narrador faz um observação que hoje aparece como prenúncio do que estava por vir: "Descemos para tomar um café. O aeroporto estava cheio, saíam vários aviões internacionais naquele dia. Havia uma urgência no ar, uma ânsia, uma pressa que não se vê no cais ou na estação ferroviária."[2]

Contudo, a principal mudança ocorrida está no fato de o corpo receber um tratamento privilegiado, enquanto condição daquele isolamento radical do primeiro livro. Há uma visão marcadamente sensualista que contrasta com o tom reticente de antes: agora, o corpo é o lugar onde vive a possibilidade de o homem se realizar; a mediação entre o herói e a sociedade dar-se-á daqui para frente explicitamente através do corpo. Na obra de Fonseca todas as relações sociais, como violência, amor, prazer, traição, desespero, desilusão, injustiça, alienação, são sempre relações *corporais* com o mundo.

O livro está marcado, portanto, por uma maior aproximação da realidade, entendida tanto como rede de temas sociais, quanto encarnação desses mesmos temas pelo corpo; no primeiro livro, trata-se de um Eu prisioneiro; no segundo, o prisioneiro é o corpo. A relação entre corpo e sociedade está problematizada nos oito contos do livro, pois os corpos são todos transgressores ou em relação à imagem acabada, ou ao seu contexto. O movimento de leitura neste caso deve-se fazer a partir da definição

2. *A Coleira do Cão*, p. 135.

do corpo, passando pelas relações afetivas, até sua exploração no submundo.

Corpo-problema

A partir do título do livro, já se nota a presença do corpo humano na fronteira do corpo grotesco; mas essa aproximação se faz por etapas, que vão desde a definição físico-existencial do corpo até suas várias implicações contextuais. O livro pode ser arranjado em três segmentos, a partir da distribuição temática dos textos: um primeiro grupo conteria os contos "A Opção" e "O Gravador"; um segundo, "Os Graus", "O Grande e o Pequeno", "Madona" e "Relatório de Carlos"; e um terceiro, "A Força Humana" e "A Coleira do Cão", exatamente nesta ordem.

Os dois contos do primeiro núcleo estão relacionados pela representação do diferente, do inacabado, e por uma visão fatalista do corpo. No primeiro deles, "A Opção"[3], trata-se de uma reunião de médicos – um professor e seus alunos – em que será decidido que destino sexual dar a um corpo de duplo sexo. Há uma angústia camusiana frente à decisão a tomar, uma situação-limite, e que no conto se faz dramaticamente tensa, não só pelo uso constante do diálogo, como também pela ligação sugerida entre o médico-chefe – professor Danilo – e uma aluna – Mírian.[4] A ligação entre ambos se faz subterraneamente, através de um fluxo de pensamento destacado em itálico no texto. Tudo leva a crer que Mírian passara pela mesma situação de escolha da sexualidade: ou a própria ou a de um filho; só que no seu caso, a de-

3. *A Coleira do Cão*, pp. 85-94.
4. A vinculação ao existencialismo está indicada em Silviano Santiago, "O Caminho Circular da Ficção", *Uma Literatura nos Trópicos*, São Paulo, Perspectiva, 1978, pp. 176-177.

cisão não tomada fez que se conservasse a ambigüidade física. Tal fato é responsável pela palavra dilacerada do professor, que se estende por todo o conto: "Passamos a vida fazendo definições [...] achamos que somos livres porque podemos definir: mas ocorre que somos obrigados a definir e porque somos obrigados a definir não somos livres." A condição dúplice vivida no conto é a primeira de uma série de duplicidades que percorrem todo o livro, determinadas em função do corpo.

O segundo conto desse núcleo temático, "O Gravador"[5], tematiza também a duplicidade física, só que mais diretamente inserida nas relações cotidianas. Jorge, o personagem central, conhece Alda através de contatos telefônicos: uma mulher casada com um homem coincidentemente chamado Jorge, mas em tudo diferente daquela mentalidade com a qual Alda vem mantendo uma ligação à distância. O conto todo é trançado por várias formas de duplicidade, a começar pelos planos narrativos que se cruzam do início ao fim, mas nem por isso se fundem numa mesma voz: o plano do narrador-gravador, cuja linguagem no início é desarticulada e híbrida de ruídos; e o de Alda, uma voz fluentemente confessional.

Os contrastes são muitos: a referência animalesca do título do livro está aqui da mesma forma que estivera no conto anterior: em "A Opção", é o "corpo estranho que [a mãe] expeliu de seu corpo", que tem a "sensação de quem rasteja por um túnel negro apertado de ar rarefeito", "aquela – aquele – aquilo". Nesse segundo conto, a duplicidade homem-animal alimenta-se do ódio fomentado na vida conjugal, que transforma os amantes em dois animais, já a partir do lugar-comum: "Vejo tanta gente infeliz por aí, casais que não se entendem que vivem uma vida de cão e gato". Além disso, os personagens do conto estão referenciados

5. *A Coleira do Cão*, pp. 29-48.

por pólos bastante opostos: Alda, por exemplo, contrapõe a imagem de um menino à imagem repulsiva do marido; ela, por sua vez, duplica-se na imagem de mãe e de mulher: quando Jorge se sente abandonado por ela, é para a mãe que telefona.

Na verdade, todas as duplicações nascem de uma outra, decisiva no conto: a duplicação do personagem Jorge em voz e corpo. A homonímia explica obviamente a separação entre corpo e espírito, pois enquanto um seduz a mulher pelas palavras, pelas "qualidades que uma mulher deve buscar num homem: bondade, compreensão, paciência, caráter, decência", o outro aparece sem voz, sem intervenção direta, somente através das metáforas animalizantes. O desejo de integrar a ambos insinua-se no momento em que Alda começa a imaginar um corpo para a voz que a seduz, como extensão das qualidades morais, ainda que negue logo a seguir a necessidade da idealização que faz. Curiosamente, é o conto do autor em que melhor se vêem alguns conflitos da vida conjugal, a partir do olhar feminino; contudo, é também um de seus contos em que mais clara aparece a desconfiança em relação à mulher.

A situação dúplice de Jorge remete ao duplo tematizado no título do conto: o "gravador" (homem e máquina). E a relação híbrida do corpo animal-maquinal remete à situação mais geral do corpo que se mescla ao mundo dos materiais inertes. Assim é que se pode compreender, não só a ironia dos sons produzidos pela parafernália eletrônica, como também um pormenor que pode passar despercebido numa primeira leitura:

> "Onde é que você quer se encontrar comigo?"
> "Onde você quiser, meu bem."
> "Não, você diz."
> "Na praça, no centro, perto da estátua, daquela estátua que você diz ser muito feia."

CORPO E CONTEXTO

A estátua é feia porque reproduz o corpo inanimado da matéria, estratégica e ironicamente situada no local de (des)encontro dos amantes.

O tom patético desses dois contos é sintomático para compreender a posição do narrador de Fonseca; para ele, o corpo vive sempre situações radicais: ou se realiza na dança e na ginástica, como em vários exemplos, ou a impotência real ou simbólica se apossa dele. Nesse sentido, há certa proximidade com o corpo trágico da dramaturgia erótica de Nelson Rodrigues; e em tais casos, "o lirismo vem à tona apoiado no grotesco", como observa Luiz Costa Lima.[6]

Corpo e problema

Um segundo grupo de contos do livro contém como traço distintivo o fato de o corpo estar inserido em relações sociais mais sutis, não necessariamente menos cruéis, e manter a diferença como um motivo de exclusão. Ou seja, aqui o problema recai sobretudo nas relações que angustiam os personagens; se possuem a forma acabada do corpo, sentem também a exclusão como conseqüência de uma condição física. São os casos de "Os Graus", "O Grande e o Pequeno", "Madona" e "Relatório de Carlos".

O primeiro deles mantém um traço de semelhança com vários outros contos do autor, pois se passa num quarto fechado, lembrando, por exemplo, o "Curriculum Vitae" do primeiro livro. "Os Graus"[7] resumem-se a uma cena em que um homem "velho" e uma jovem mulher rompem seu relacionamento. Aqui, a interdição se dá pela fisionomia contrastante dos dois, juventude e ve-

6.   Luiz Costa Lima, "O Cão Pop e a Alegoria Cobradora", *Dispersa Demanda*, Rio de Janeiro, Francisco Alves, 1981, p. 155.
7.   *A Coleira do Cão*, pp. 139-149.

lhice, interdição que o sujeito não consegue vencer, a despeito do amor da mulher. A ironia amarga com o próprio corpo, que se sente impotente diante da exuberância da jovem amante, aparece em vários índices: na comparação direta e no *confronto* entre os dois corpos; no ressentimento do narrador pela plenitude sensual da companheira; na mordacidade ferina que atribui notas aos corpos que vê nas praias, sempre procurando o feio, o aberrante, ou então o índice que possa servir de desvendamento, de denúncia do conflito:

> Ela: Você naquele dia não deu dez para ninguém. Procurou, procurou na praia enorme, meus pés doíam de tanto andar e nenhum dez. Eu ganhei nove.
> Eu: A nota mais alta.
> Ela: Você procura coisas impossíveis de serem achadas.
> Eu: Rrrr!
> Ela: Como a pessoa que seja ao mesmo tempo anão, padre, preto, corcunda e homossexual. Isso não existe.
> Eu: Anão, padre, preto, corcunda, homossexual e míope, de óculos. Não desisto, um dia acho, você vai ver.

Nesta passagem, é possível lembrar-se do livro anterior, em que Potocki, o pintor, parava fascinado diante dos estranhos corpos no circo. Aquele corpo é procurado agora pelo personagem do conto "Os Graus", e será mencionado também em "Intestino Grosso", do livro *Feliz Ano Novo*[8]. Mas sua verdadeira aparição está reservada para o romance *A Grande Arte*, na figura do sinistro homúnculo José Zakkai, o Nariz de Ferro.

No segundo conto dessa série, "O Grande e o Pequeno"[9], Zé Grande e Zé Pequeno são primos de uma família portuguesa,

8. Cf. *Feliz Ano Novo*, p. 137.
9. *A Coleira do Cão*, pp. 95-113.

sufocada por certa ancestralidade que soa ridícula, pela falta de contexto. É narrado do ponto de vista do primo menor, que não entende a razão de seu primo estar tão revoltado com a família; a certa altura, Zé Grande lhe apresenta a namorada, que o garoto menor recebe assim: "Estavam numa praça. Sentaram-se num banco. Maria Aparecida entre os dois Zés. O braço nu dela roçava no ombro de Zé Pequeno; do seu corpo saía um perfume diferente do de todas as mulheres que conhecia."

Em vários contos do livro, o motivo central é oferecido com sutilezas e por etapas ao leitor; a revelação não se dá num momento retoricamente carregado de tensão, e sim num ritmo sereno que não quebra o tom da narrativa. Com isso, o narrador realça a carga emotiva contida na cena, além de reincorporar liricamente o corpo transgressor. No caso que nos interessa, o conflito familiar nasce do fato de Zé Grande decidir casar com uma garota mulata; com isso, é possível atentar para o problema das convenções, que aparece em vários contos. No caso de "O Grande e o Pequeno", protagonizado por dois garotos, a compreensão do mundo dos adultos se faz pelo aprendizado das máscaras:

Chegaram perto de um vendedor de pipocas.
"Você quer pipoca?"
"Não quero não", disse Zé Pequeno.
"Que é isso, Zé? Você é louco por pipoca", disse o primo fazendo força para parecer o Zé Grande antigo.
"Está bem", disse Zé Pequeno fingindo que era o Zé Pequeno antigo. Certo porém que se Zé Grande não era mais o mesmo ele também não era.

Se em "Os Graus" a interdição se estabelece a partir do conflito entre o corpo jovem e o corpo velho, em "O Grande e o Pequeno" ela nasce da presença do corpo mulato num ambiente brancamente doentio: todos andam de máscara de gaze antisséptica, para não contaminar o filho recém-nascido. E o espaço opressivo é denunciado pela presença dos discordantes, que parecem obedecer a uma fatalidade do sangue, o "estigma de família"[10]. Na trajetória de seus personagens, vários se perderam ao negar o universo das máscaras asfixiantes do clã português. O tacão de ferro não sufoca o lirismo que se esconde em espaços exíguos, e que transita entre os "malucos". Numa bela cena do conto, o avô que vive isolado da família, com quem a avó não conversa há anos, ainda que à noite releia as velhas cartas de amor, ensina ao neto a magia de insuflar vida ao coração dos objetos:

> Os dois ficaram em silêncio ouvindo o passarinho cantar.
> "Gostaste? Queres que eu to dê?"
> "Não vovô, muito obrigado. E o senhor?"
> "Farás dele melhor uso que eu. Sabes, comprei-o por duzentos cruzeiros num belchior, a corda estava quebrada, a gaiola toda suja, o passarinho com um ar doente. Vê agora: limpei pena por pena, consertei-lhe o bico. Mas o que deu trabalho realmente foi fazer-lhe o canto mais alegre."

Nesse círculo de magia poética, a sabedoria do velho ensina ao espírito do neto – o princípio e o fim se tocando – a dar vida pelo toque dos dedos às coisas minúsculas: ao quintal, ao quartinho, à mesa, à gaiola, ao pássaro e à corda que o faz cantar, pois "sem corda ele não canta. Sem corda ninguém canta".

Os outros dois contos dessa seção, "Madona" e "Relatório de Carlos", formam um par opositivo dentro do conjunto: o pri-

---

10. É esse justamente o título de um conto em que reaparecem alguns dos personagens de "O Grande e o Pequeno", publicado em antologia coletiva; cf. Clarice Lispector e outros, *Contos*, Rio de Janeiro, Francisco Alves, 1974, pp. 27-39.

CORPO E CONTEXTO

meiro[11], que trata das angústias de um adolescente, é a história de um rapaz que tem o fim-de-semana livre da presença dos pais, que viajaram, e vê ansiosamente a possibilidade de viver um novo caso de amor, com o apartamento à sua disposição. Entretanto, o caso não vem e ele termina de forma angustiada e vazia o fim-de-semana. Várias garotas se oferecem a ele, mas a todas alguma coisa interdita: é uma espécie de busca pierrotesca, que termina em branco.

O corpo que não veio ficou enredado nas malhas das relações sociais, impermeáveis aos desejos do adolescente. Em todo o conto, e em muitos momentos do livro, há uma forte presença do olhar estrategista, que pondera a melhor ocasião de agir: plano, estratégia e jogo são traços que marcam a narrativa toda. É disso que fala a primeira frase do conto: "Eu não tinha um plano muito definido". E outras: "Fui para uma mesa estrategicamente colocada"; "Iniciei outro jogo de posições táticas. Na terceira posição ri para a moça".

Mas a perda do corpo para o jovem de "Madona" não se dá apenas através das redes de olhares e gestos, como também por um olhar extremamente analítico, que retalha as visões, mal elas surgem. Basta ver a longa avaliação que ele faz da situação que se oferece na lanchonete, onde hesita entre escolher não uma de três mulheres, mas pernas, boca ou olhos; a aceitação da visão fragmentária se faz com frases implacáveis e jocosas, que voltam a todo momento, sempre segmentando a unidade que os olhos apreendem.

A visão entrecortada do adolescente está igualmente no homem maduro do conto "Relatório de Carlos"[12]; dessa vez, não há ausência do corpo: as mulheres freqüentam seu apartamento, mas

11. *A Coleira do Cão*, pp. 115-137.
12. *A Coleira do Cão*, pp. 49-84.

7 I

todas juntas não conseguem preencher o espaço multifacetado, arlequinal, do narrador imerso na reprodução e consumo dos objetos. Seu trajeto não se faz em direção à rua, espaço da aventura e solidão do personagem de "Madona"; faz-se pelos descaminhos de uma consciência abarrotada de cultura e ironia, que perdeu o conhecimento das experiências elementares, e que, ao deparar-se com elas, busca transmitir esse inusitado encontro aos leitores:

> Teve mesmo um dia que aconteceu uma coisa que nunca pensei acontecesse comigo. Eu estava sozinho. Em determinado momento fiquei pensando em Norma com tal intensidade que comecei a ficar sem ar, com a sensação de que o meu coração ia parar; o que devem sentir as pessoas prestes a morrer. Então subitamente comecei a chorar. Havia uns trinta anos que eu não chorava; é uma coisa estranha que preciso contar em detalhes. Após algum tempo os olhos se fecham; você sente [...].

O acúmulo de recursos livrescos aparece no hibridismo estilístico do conto, um dos textos mais carregados de literatura do autor, num constante jogo de ressonâncias paródicas: "Norma estava com uma péssima disposição. 'Morrer assim, num dia assim, de sol assim', ia repetindo ela, desesperada"; ou então: "É um abandonar-se à dor que faz a dor doer menos". Há no conto, por exemplo, vários índices da poesia de Drummond; curiosamente, o narrador chama-se Carlos, num livro de poucos narradores nomeados. O leitor de Fonseca deparou-se em alguns momentos de sua obra com referências diretas ou indiretas ao poeta mineiro. No conto em questão, há uma passagem que lembra o homem "gauche", o que ficou torto no seu canto, incomunicável:

> Depois que Norma iniciou o seu breve episódio epitalâmico com Raimundo, a tristeza desceu sobre mim; tornei-me um daqueles sujeitos que nas festas se enrustem num canto e procuram disfarçar sua incapaci-

CORPO E CONTEXTO

dade de comunicação com um sorriso mecânico e paciente. (A dor funda, mas só a funda, faz as pessoas serem mais pacientes).

Há um outro momento que lembra a quadrilha das desilusões amorosas: é o diálogo entre o narrador e João Silva, formando os dois a velha dupla do homem sonhador e do homem prático. O primeiro fala ao segundo das suas angústias amorosas advindas do conhecimento de Norma, que a essa altura está na Bahia prestes a casar com um tal Raimundo de Albuquerque. João Silva aconselha o amigo a afastar-se de Norma, referindo-se a ele como a uma terceira pessoa, o que cria um tom de resignação irônica: "Não sei. Essa dona é uma neurótica, os neuróticos são fornalhas que queimam tudo, inclusive a fornalha. Raimundo perde, Carlos perde, ela perde, todos perdem."

Tais referências buscam caracterizar a voz narradora; se as citações de Drummond não estão dadas no texto, a possibilidade de aproximar é sugerida ao leitor pelo tom paródico constante da narrativa, em que há inúmeras alusões que a percorrem de início ao fim, acumulando nomes de quadros, músicas, livros, autores etc. Um dos procedimentos paródicos de Fonseca é bastante conhecido, devendo-se notar que se faz sobretudo com o aproveitamento de traços estilísticos de narrativas romanescas. Por essa razão, muito do insólito de seu estilo está no fato inusitado do prosaísmo urbano ser permeado pela ressonância longínqua de outros tempos e espaços: um ingênuo Pardaillan, que vive confinado num apartamento da rua do Catete; um pernóstico e mulherengo *private eye*; um desocupado amante da Condessa Bernstroff; ou velhas senhoras saídas de um antigo solar português.

Em "Relatório de Carlos", para citar outros exemplos, o narrador trata seu relato exatamente como uma história cheia de peripécias, chamando-a, a certa altura, de "esse embrulho todo"; ou

7 3

então inserindo fórmulas narrativas ritualísticas, ao dizer, por exemplo, "como veremos a seguir". É um dos contos em que mais aparece o impulso de romancista de Fonseca, não sendo estranho, por isso, que o personagem Carlos Augusto lembre muito os narradores de seus romances, como o Mandrake de *A Grande Arte*, ou o Gustavo Flávio de *Bufo & Spallanzani*. Pode ser sugerida, ainda, uma alusão do personagem João Silva a José Dias, de *Dom Casmurro*: a certa altura do texto, o personagem do conto diz ao amigo: "Não quero bancar o Iago para cima de você"; mas termina o conto como amante da mulher do narrador.

A despeito das constantes braçadas irônicas do protagonista, ele não consegue vencer as malhas urbanas que o enredam; há aqui o mesmo olhar devorador e classificador do corpo feminino, a mesma implacabilidade das metáforas, a mesma rotina que se perde entre máscaras e convenções, gestos decorados e postiços, encontrando somente o corpo que se rotiniza diante do olhar consumidor: "Eram todas iguais. Não fisicamente. Umas eram louras, outras morenas [...] Mas eram todas iguais".

O lirismo interdito (i)

No início do capítulo, disse que o livro pode ser visto em estágios de aproximação do corpo à realidade econômica da cidade. Ou seja, através de etapas pode-se passar da definição do corpo – problematizado enquanto imagem inacabada – para as relações sociais conflituosas – que têm o corpo como centro de tensões –, até chegar-se à terceira etapa contendo o primeiro e o último contos do livro, "A Força Humana" e "A Coleira do Cão". Nesse último estágio, o corpo é rebaixado à exploração direta ou disfarçada, o que submete cada vez mais o ponto de vista do narrador de Fonseca às determinações econômicas da grande cidade. Ainda que esse narrador esteja resguardado por um lirismo

CORPO E CONTEXTO

que procura vencer o aviltamento, entre o primeiro e o último conto, porém, já há uma grande distância de tema e de estilo, um rebaixamento implacável que se pode notar pelo contraste dos títulos.

Nos dois contos, e mesmo em outros do livro, nota-se a influência da literatura policial de Raymond Chandler, autor que talvez deva ao próprio Fonseca o fato de sua obra voltar a ser divulgada no Brasil nas últimas décadas; no primeiro conto, através de traços estilísticos, de uma certa matriz de linguagem; no segundo, inaugurando na ficção do autor a linha dos contos – e depois romances – policiais. Há no primeiro certo lirismo que busca resguardar o corpo da degradação, criando uma mescla de nostalgia e violência nem sempre fácil de deslindar. Quanto ao segundo, já o título fala por si.

"A Força Humana" é, com razão, um dos contos mais conhecidos de Rubem Fonseca[13]. É difícil estabelecer com clareza qual é seu tema ou, dizendo de outra forma, a que se refere a "força" do título; toda a história se concentra em pouco menos de dois dias, o que se contrapõe ao movimento solto da memória do narrador de "O Inimigo". A cena inicial fala do hábito do narrador em ouvir música diante da loja de discos, e concentra dois dados importantes para a leitura: o fato de a música paralisar sua vontade – "Eu queria seguir em frente mas não podia" – e a vergonha de alguns transeuntes, "fingindo que não estavam ali, disfarçando que olhavam um disco na vitrina, envergonhados". Isso se deve ao fato óbvio de não serem exatamente os consumidores aos quais era destinada; por trás do encantamento da música, está a contingência comercial: é tocada para ser vendida. A ambigüidade presente nas quatro ou cinco linhas iniciais reaparece em

13. *A Coleira do Cão*, pp. 7-27.

toda a narrativa; nos dois dias da história, o narrador viverá a experiência do prazer sujeito ao dinheiro.

No segundo parágrafo, ficamos sabendo de outra atividade sua: a prática do halterofilismo. Também no caso da ginástica, ele convive com a mesma duplicidade: à medida que deixa os exercícios para ouvir música, mostra que não tem o interesse "profissional" do treinador, que tinha "cismado" fazer dele o melhor físico do ano. "Ele tinha razão, fui pensando nesse dia...". Nesse dia, o narrador desce para a frente da loja e vê um espetáculo quase gratuito: "Então eu vi, no asfalto, sem dar a menor bola para os carros que passavam perto, esse crioulo dançando [...] Ele fazia piruetas, misturava passo de balé com samba de gafieira, mas ninguém ria. Ninguém ria porque o cara dançava o fino".

O personagem desconhecido passa aos olhos do narrador como um "maluco", mas um maluco que carrega consigo uma força vital, capaz de fazer que os seres envergonhados do início quebrem o silêncio e se comuniquem. Depois de dançar, o sujeito passa a cuia para arrecadar dinheiro, e ocorre a mesma situação de antes; ou seja, a música, e no caso a dança, surge vinculada outra vez ao dinheiro. Forma-se uma espécie de situação em cadeia: a música é tocada para atrair consumidores; quem está diante da loja não tem dinheiro para comprar e por isso sente-se envergonhado; o sujeito que dança, além de não ter dinheiro, transforma o produto que está para ser vendido em instrumento de trabalho: enquanto a música é tocada ele dança.

Quando o desconhecido pára de dançar, o narrador começa a puxar conversa, a fim de levá-lo para a academia, pois percebera nele o físico perfeito para os exercícios. Isso aproxima novamente a ginástica do sentido lúdico da música, pois o narrador percebe o físico do outro vendo-o dançar. Ao explicar porque dançara daquele jeito, o personagem diz: "Um dia passei aqui e me deu uma coisa, quando vi estava dançando no asfalto. Dancei uma música só, mas um cara embolou uma notinha e jogou no meu pé. Era um Cabral."

O sujeito começa a dançar diante da loja pela sedução da música; através do "cara" com sua bolinha de papel, vem o conhecimento da própria condição. Também ele vive a mescla das atitudes guiadas pelo prazer, mas que esbarram na condição social e se reduzem a formas de mendicância. Da conversa com o narrador, surgem índices importantes: um deles refere-se ao nome do dançarino, Waterloo, alegórico tal qual o do treinador de "O Inimigo", Terceirodomundo; vaidosamente, avisa ao narrador que "se escreve com dábliu". Um outro índice está na seguinte passagem: "Deu uma risada mostrando uns dentes branquíssimos e fortes e sua cara que era bonita ficou feroz como a de um gorila grande." Convivem nele a força insuspeitada de um animal e a vaidade um pouco infantil pelo nome que possui, sem ter consciência do que o nome sugere. E a mescla de força e infantilidade tem relação com o motivo recorrente do conto, a força humana.

Quando sobem para a academia, João volta com a mesma conversa de ganhar o campeonato. Aparece então Corcundinha e, com ele, o reverso da medalha, a beleza virada ao avesso, o corpo grotesco: Waterloo e Corcundinha surgem ao mesmo tempo. Impressionado com o físico do dançarino, o treinador se interessa por ele e resolve prepará-lo também para o concurso que se aproxima. O espaço da academia é um primeiro estágio para os alunos "subirem" na vida: lá os personagens estão acima da loja de disco, e de lá o narrador desce para ouvir música e comprometer seu futuro, quando interrompe a série de exercícios. Tudo o que João aponta para justificar a conquista do campeonato, está distante dos interesses dos halterofilistas: Waterloo fica surpreso com os argumentos; o narrador com raiva.

A atitude de cada personagem mostra um diferente nível de consciência das implicações da proposta: para Waterloo, é uma experiência nova, tão imprevista quanto receber dinheiro por estar dançando; para o narrador, a academia é um emprego, por um lado, e cultura descompromissada do corpo, por outro. Ao irritar-se com a proposta interesseira do treinador, cria-se uma situação tensa entre os três: o narrador ameaça brigar com João, deixar a academia e ir embora com Waterloo. O instrutor apela a seus sentimentos ofendidos, e pede desculpas: nasce, então, entre os três um instante de dignidade elevada, séria, profunda, expressa no belo símile que fecha o parágrafo.

Depois da breve harmonia, recomeça o desentendimento entre os dois, narrador e treinador, devido à convivência do aluno com uma nova personagem, Leninha:

"[...] vê o Nelson, a comida acabou com ele, fazia uma série de cavalo pra compensar, criou massa, isso criou, mas comia como um porco, e acabou com um corpo de porco... coitado..." E João fez uma cara de pena. Não gosto de comer, e João sabe disso. Notei que Corcundinha, deitado de costas, fazendo um crucifixo quebrado, prestava atenção na nossa conversa.

A imagem do corpo surge em dois pólos radicalmente opostos: a modelagem convive com descrições grotescas, como se estas últimas estivessem o tempo todo rondando a posse do corpo dos freqüentadores. As metáforas de animais são recorrentes, por um lado, para retratar a força e a forma do corpo perfeito; por outro, para retratar o corpo que caiu em desgraça, que desistiu de *lutar*. Para compensar a comida, Nelson fazia uma série de "cavalo", mas ainda assim sucumbiu ao quiasmo que o rondava: acabou com um "corpo de porco". O nome de cada exercício é também significativo: Corcundinha, que prestava atenção à conversa, fazia um "crucifixo quebrado", o que remete à imperfeição física do personagem, como também ao esforço a que o corpo está submetido.

CORPO E CONTEXTO

Posteriormente, o narrador começa a falar dos tipos que freqüentam a academia; é significativo identificar-se com os lutadores que têm nos exercícios físicos um meio de ganhar a vida; a identificação se faz pelo sentido lúdico da profissão, que não deixa também de ser um jogo: "gosto deles, gosto de treinar com eles nas vésperas de uma luta, quando a Academia está vazia; e vê-los sair de uma montada, escapar de um arm-lock ou então bater quando consigo um estrangulamento perfeito; ou ainda conversar sobre a luta que ganharam ou perderam".

Quando chega a noite, o treinador e Waterloo já são amigos; o narrador volta para o quarto em que mora e fica no escuro, sem ver ninguém, escutando frases piegas vindas da novela de rádio que a dona da pensão está ouvindo. Então, chega a namorada, que pergunta à velha se ele está em casa: "Ele não tem vindo, há mais de um mês que não dorme em casa, mas paga religiosamente, é um bom menino." No escuro, o narrador ouve o comentário a seu respeito, que antecipa o desenlace do conto: paga "religiosamente" e é um "bom menino". É o momento de solidão mais intensa, pois se adensou a escuridão "antes que fizesse uma luz" que ele esperava.

À tarde, na academia, João o aconselhara a abandonar a namorada e se dedicar mais aos treinos; ao ouvir a conversa, Corcundinha contara o caso que andava tendo com uma mulher mais jovem, passando a exibir ao colega seu desempenho nos aparelhos. O narrador aconselha Corcundinha a resguardar-se mais, devido à idade; em seguida, resolve não ir à casa de Leninha, o que prenuncia o fim do namoro. Agora, no quarto escuro, a frase da velha traz à tona as experiências esquecidas: contraposta à obsessão pelo dinheiro, dada na conquista do campeonato, surge a dimensão da "religiosidade"; e surge também, sob a experiência da sexualidade – com a obsessão em rejuvenescer de Corcundinha – o mundo esquecido da infância: "O que é ser menino?"

No dia seguinte, os fatos se precipitam, em duas grandes seqüências: a primeira, na academia; a segunda, na casa da namorada. Ao conversar com Waterloo, percebe que as coisas tinham definitivamente mudado: "O João era o seu João, eu era o garotão". No fim da tarde, ocorre o primeiro nó significativo: a tensão que vinha crescendo, havia já algum tempo, concentra-se no desafio dos alunos de disputarem quem é o melhor na queda-de-braço. O que está em jogo, em princípio, é saber qual dentre os dois tem mais força: Waterloo tem "quase tudo"; o narrador, entretanto, aposta ter mais força do que ele: "Força é força, um negócio que tem dentro da gente". Decidem disputar a queda-de-braço, realizando, por correlação, o confronto para o qual ambos estavam sendo preparados.

Páginas antes, o treinador apontara o empenho de Corcundinha como um exemplo de dedicação a ser seguido pelo discípulo renitente: "Olha ele agora. Fiz um milagre? Ele fez o milagre, castigando, sofrendo, penando, suando: não há limite para a força humana!" É a primeira vez que aparece a noção de "força". A frase de João tem um tom poético pelo sentido de grandeza, de elevação, que atribui ao empenho do aluno; entretanto, é ideológica por estar encobrindo suas pretensões de sucesso. Com a queda-de-braço, o termo ganha outros sentidos: ao começar a luta, ocorre uma aparente quebra de tensão, pois assim que o treinador dá início, o narrador põe-se a tecer comentários acerca da melhor maneira de vencer. O fato de dirigir a atenção para os comentários, indica um certo distanciamento em relação à luta; e indica, por isso, um segundo sentido para a noção de "força": a princípio, é a força propriamente física, ou melhor, a força interior que põe todos os músculos em movimento equilibrado, um sentido equivalente ao anterior, sem a mesma implicação de interesse. Essa força Waterloo também possui, tanto é assim que estava com a luta praticamente vencida; entretanto, sua força é qua-

CORPO E CONTEXTO

se somente instintiva, sem controle, enquanto a do narrador, que acaba revertendo a situação, é controlada pelo pensamento: pelo que diz ao leitor, há sempre duas maneiras de vencer.

A força de Waterloo é maior por estar apenas a um "tostão" da vitória; ocorre que ele explode em gargalhada e joga fora a seriedade que assumira pouco antes. O dançarino está sempre à disposição dos convites casuais: sabe gingar como ninguém e, sem que esperasse, isso se mostra uma forma de sobrevivência; andava esmolambado, e fica sabendo que possuía um físico modelar, propício aos planos do treinador. A gargalhada que o arruína é igualmente instintiva, pois ri numa "luta de morte", e mostra a artificialidade para ele, mesmo que inconsciente, dos valores implicados nos planos de João.

Rir na hora mais séria indica algo infantil no comportamento do personagem, como seu orgulho pelo nome; entretanto, pela situação em que se encontra, a "infantilidade" passa a ser disponibilidade para os convites que surgirem e, conseqüentemente, investir-se de uma "seriedade" que não lhe é natural; uma seriedade que faz do treinador o "seu João" e do colega "o garotão". A expressão quer depreciar o narrador e situá-lo fora do mundo dos adultos, ligando-se ironicamente ao tratamento dispensado pela velha da pensão.

A força do narrador ganha agora um novo sentido: vencendo Waterloo, vence principalmente o treinador e seus planos de sucesso, amparado na força profunda da negação:

E a arrancada que dei ninguém segurava, ele tentou mas a potência era muita; o seu rosto ficou cinza, seu coração ficou na ponta da língua, seu braço amoleceu, sua vontade acabou – e de maldade, ao ver que entregava o jogo, bati com o seu punho na mesa duas vezes. Ele ficou agarrando minha mão, como uma longa despedida sem palavras, seu braço vencido sem forças, escusante, caído como um cachorro morto na estrada.

A relação implacável das metáforas do grotesco persiste, só que agora com sinal trocado: o adversário que possuía a força de um "gorila grande", termina o combate de forma desolada, expressa no símile que fecha o longo parágrafo da luta, e demonstra que o mundo de concorrência que Waterloo quis assumir é impiedoso, pois a queda rebaixa ao ínfimo, ao corpo frágil esmagado na estrada. A imagem é *precisa*, pela aproximação com a imagem do braço caído na mesa; essa precisão, tão comum em Fonseca, aproxima-o da prosa norte-americana e, nela, dos escritores policiais de linguagem brutalista, tal como Raymond Chandler. Mas a densidade da imagem não está somente nessa analogia de contorno; está também no sentido que transita do cachorro ao braço: a estrada é signo de abandono e anonimato, um crime cometido pelo jogo de forças que o próprio sistema cria, e que se transforma em indiferença pelos que vão ficando à beira do caminho.

Contudo, é necessário ver melhor que "vitória" é essa do narrador:

> Livrei minha mão. João, Gomalina queriam discutir o que tinha acontecido mas eu não os ouvia – aquilo estava terminado. João tentou mostrar o seu esquema, me chamou num canto. Não fui. Agora Leninha. Me vesti sem tomar banho, fui embora sem dizer palavra, seguindo o que meu corpo mandava, sem adeus: ninguém precisa de mim, eu não precisava de ninguém. É isso, é isso.

A ironia das frases finais se justifica pela tentativa frustrada de comunicação, que falha quando Waterloo se transforma em adversário do próprio narrador. Nesse momento, a força que serve de motivo para o conto é a decisão inabalável da vontade, a certeza de vencer. Mas não é essa vitória que o narrador busca: ao lutar com Waterloo, quer mostrar a ele sua verdadeira condição de derrotado; pois, mais do que vencê-lo, já que também não quer o campeonato, o narrador lhe intercepta um caminho fadado ao fracasso. Waterloo é forte, mas ingênuo; o treinador é forte e esperto; o narrador, depois de vencê-los, encaminha-se para as últimas perdas.

A partir de agora, tem início a seqüência decisiva. Mencionei anteriormente alguns índices em que aparece a convivência de prazer e comércio; o decisivo liga-se à namorada do narrador, uma garota de programa, cuja entrada se faz de maneira inversa à esperada, pois persiste nela – de modo abjeto – algo da infância. Deitado no sofá, o narrador retoma a vigília da noite passada; a angústia que se anunciava na pergunta sobre o que é ser menino, reaparece de maneira aguda, depois do insucesso na academia: "Já fiquei uma semana assim, deixei crescer a barba e olhava as pessoas, não como se olha um automóvel, mas perguntando quem é?, quem é? Quem-é-além-do-nome?, e as pessoas passando na minha frente, gente pra burro neste mundo: quem é?"

A questão das máscaras torna-se dramática até o final do conto, e reaparece no bar, onde os "clientes" de Leninha a cumprimentam por outros nomes, onde os dois amantes não sabem o que representam um para o outro: "'Que coisa horrível isso que você fez', disse Leninha, 'ele é meu cliente antigo, advogado, um homem distinto, e você fazer uma coisa dessas com ele. Você foi muito grosseiro.' 'Grosseiro foi ele, ele não viu que você estava acompanhada, por: um amigo, freguês, namorado, irmão, fosse o que fosse?'"

A namorada mostra a mesma ausência de passado que o narrador mostrara no quarto escuro, ao perguntar-se pela infância. Ambos experimentam um vazio biográfico que Leninha aprendeu a preencher com nomes falsos; no tom decidido da cena do táxi, logo em seguida, a intransigência do narrador fala de uma consciência cansada de concessões, de anuências. Para ele, o passado é um enigma prestes a revelar-se.

A seqüência final descreve a noite derradeira entre os amantes, separados pelo sentimento de solidão que gera metáforas grotescas do corpo, contrapostas à lembrança viva de antes: agora, os corpos adquirem o peso morto das "estátuas". A concorrência física da academia – com as corridas e os recordes, a marginalidade ou a rotina alienada do trabalho – desdobra-se ironicamente no vazio da sexualidade, que se torna ela também rotina e impostura: em meio às cores fortes do jogo erótico de antes, surge agora a ordem mecânica, cruzando, pela natureza mágica da metáfora, os dois planos fracassados da experiência: "e comecei a amá-la, como um operário no seu ofício".

Como no conto do capítulo anterior, trata-se aqui também de uma noite derradeira: entretanto, o personagem fica andando pelas ruas vazias, não mais preso ao quarto, até que o dia amanheça de vez e ele chegue à loja de discos. Ali se dá a revelação prenunciada em vários momentos: a imagem do pai. Quando a música começa a ser tocada, os desconhecidos vão aparecendo, e ocorre uma forma dessacralizada de transcendência, pois todos ficam "mais quietos do que numa igreja"; a solidão da noite anterior, ampliada pelos acontecimentos da academia e do bar noturno, ganha agora a dimensão da cidade; pela última vez aparece a imagem rebaixada do corpo, já que todos são bichos ou mortos "a surgir de suas covas".

Comparado ao solitário do primeiro conto, a ausência neste segundo é maior pela falta de passado; contudo, é maior também pelo peso do presente, em que os corpos são fonte de prazer e beleza, mas também de exploração. A angústia, se persiste, não se alimenta mais do isolamento do quarto: vive da impossibilidade solidária, e busca por isso, depois das tentativas fracassadas, o lirismo pleno do encontro com o pai, num tempo anterior às agruras da vida adulta. Curiosamente, o narrador que vencera Waterloo e mostrara sua "força" procura a proteção da imagem

CORPO E CONTEXTO

paterna, revertendo assim o conceito que percorrera o conto: não mais a ideologia do treinador, que falava em nome dos vitoriosos; nem a aplicação do pensamento ao corpo, que vencia para negar; mas um breve e intenso momento, próprio do lírico, de proteção e fraqueza, de reencontro fundador, capaz de resgatar uma outra face da força humana.

O lirismo interdito (ii)

Diferentemente do último conto de *Os Prisioneiros*, o último do segundo livro, "A Coleira do Cão"[14], não é uma porta que se abre, mas uma porta que se fecha sobre a civilidade das relações na metrópole. Tudo o que fora antecipado nos contos anteriores de distorção do corpo, de exploração, concretiza-se nesse último texto igualmente poético, só que aqui de uma poesia dura, feita na sala mal iluminada de uma delegacia de subúrbio. Cada frase do conto não é somente um índice de descrição da realidade: é um verso em prosa, uma denúncia, um epitáfio anônimo.

Mais do que ser um conto do gênero policial, "A Coleira do Cão" é a entrada da obra numa sociedade policial, em que uma larga chaga de pobreza confina-se num cinturão de violência e tecnologia. E esse centro se expande subterraneamente, aqui e ali, fazendo que se encontrem na mesma festa de ano-novo os "fodidos" e os "anfitriões". Há um lance mordaz nesse último conto, uma grande metáfora da situação descrita acima:

"Não sei como essa gente agüenta. Eu não me incomodava de não ter água corrente pra tomar banho, lavar a cara. Mas não ter latrina! Isso é fogo!", disse Washington.
"Para onde vai essa merda toda?", perguntou Pedro.

14. *A Coleira do Cão*, pp. 151-188.

8 5

"Eu não tinha pensado nisso", disse Vilela. "Devem existir fossas."
"Na próxima batida vamos procurar essa tal de fossa. Acho que vai ser mais difícil de achar do que o Bambaia", disse Melinho.

"Quando chove desce tudo pelas valas, misturada com urina, restos de comida, porcaria dos animais, lama e vem parar no asfalto. Uma parte entra pelos ralos, outra vira poeira fininha que vai parar no pára-lama dos automóveis e nos apartamentos grã-finos das madames, que não fazem a menor idéia que estão tirando merda em pó de cima dos móveis. Iam todas ter um chilique se soubessem disso", disse Washington.

Do ponto de vista da progressão do narrador, o conto dá um largo passo em direção ao submundo que caracterizará a obra de Fonseca. Os parágrafos a seguir servem como registro dessa direção, que se tornará mais contundente a partir do próximo livro; procuram perceber um pouco que seja a articulação de motivos e temas com as demais peças do livro. E o primeiro traço a notar é o motivo do corpo ínfero, presente em todo o livro, e que no conto final surge de forma recorrente: "Usam quarenta e cinco, com exceção do Zé Orelha-de-Cachorro, que usa um trinta e oito". As metáforas e cognomes dessa ordem são tão comuns e se desdobram de tal forma numa cadeia de relações, que chegam a criar certa hilaridade, como no caso do marginal Alfredinho, conhecido como o "espremedor do Batata".

Aqui também ocorre a questão do duplo que estava em todo o livro: Narrador/Waterloo ("A Força Humana"), Jorge/Jorge ("O Gravador"), Carlos Augusto/João Silva ("Relatório de Carlos"), Homem/Mulher ("A Opção"), Zé Grande/Zé Pequeno ("O Grande e o Pequeno"), Sérgio/Fabinho ("Madona"), Velho/Mocinho ("Os Graus"). No último conto, o duplo está presente na figura do delegado Vilela e do detetive Washington, muito diferentes entre si. Contudo, não se trata de uma oposição excludente como em vários dos casos mencionados: no último conto, os dois per-

CORPO E CONTEXTO

sonagens pensam, os dois agem, os dois têm dúvidas, os dois erram e ambos têm consciência de uma frase que aparece em outro conto do livro: "A miséria confunde as pessoas"[15].

Logo no início, ao atender ao chamado acerca de uma chacina ocorrida num ônibus municipal, Vilela ordena a Washington que permaneça no morro em que estão, já que ele, Vilela, irá à rua Ricardo Machado, local do assassinato. Entretanto, o tranqüilo Washington quer ir até o local para ver o resultado da chacina: "Mas não é só curiosidade, não. Tenho uma teoria." Vilela diz que está bem, enquanto isso "você vai desenvolvendo a sua teoria". Ocorre que a voz de Washington, muito mais ouvida do que a de Vilela durante o conto, não necessita de silêncio para sua teoria: ela se faz a cada novo episódio, e no meio do fato bruto ele encontra, com paciência e inchaço, violência e conselhos, a remissão e a culpa.

Em toda a obra de Fonseca, ocorre um recurso estilístico que fisga o olhar do leitor; na verdade, é recurso bastante simples, mas talvez esteja aí sua força, e que por certo está em outros autores. Refiro-me àquela frase que fica vibrando discretamente, guardando um tom de indiferença, mas que numa releitura serve de chave para entender o parágrafo que fechava sem quebra de tom. Às vezes está alojada no parágrafo, mas deixa ser apanhada pelo olhar de forma mais fácil, surgindo ostensiva no discurso do personagem; em certa passagem de "Madona", por exemplo, há um arrufo entre o jovem narrador e sua garota: os dois discutem pelo telefone, cada um querendo culpar o outro por procurá-lo, sem querer dar o braço a torcer, até que o garoto acha o argumento decisivo: "Aí dei-lhe o tiro na nuca"[16]. Sente-se o corte preciso do narrador, que deixa a frase vibrando de sentido irônico.

15. *A Coleira do Cão*, p. 109.
16. *A Coleira do Cão*, p. 128.

No conto de que estamos tratando, esse dado reaparece: quando Vilela e Washington chegam à rua do assassinato, encontram o ônibus e, dentro, o homem morto; a cena não é nova para Washington:

> Atrás de si, Vilela ouviu o chiado de Washington. "Ele tentou ficar pequenino, se enfiar debaixo do banco para ver se escapava, mas não conseguiu. Já vi um sujeito de um metro e oitenta se enfiar num desses nichos de medidor de gás, uma coisa incrível, se dobrou todo, ficou do tamanho de um gato. Mas não adiantou nada, foi estourado lá dentro mesmo. Foi um custo tirar ele do buraco."

"Mas não adiantou nada, foi estourado lá dentro mesmo": até aqui a descrição, a denúncia, o absurdo, ainda que surgindo das palavras calmas do detetive, ou justamente por isso; mas é uma denúncia. Só que, de repente, o homem que contava não alterou o tom, não fez pausa alguma, simplesmente reduziu o que era um fato marcante na sua vida à dimensão de um problema que o calmo funcionário precisa resolver: "Foi um custo tirar ele do buraco". E quanto da cena não se revela nessa frase.

A "naturalidade" da visão de Washington não é o único caso de trânsito entre duas ordens. Em outros momentos da obra, Fonseca força o traço para retirar dele um efeito sugestivo, misto de surpresa e casualidade, e deixa transparecer mais claramente as impressões digitais do autor implícito, como na cena do "encontro" entre o delegado Guedes e Delfina Delamare, de *Bufo & Spallanzani*, em que só posteriormente o narrador nos informa que a mulher está morta[17]. Em "A Coleira do Cão", também ocorrem cenas semelhantes, nem sempre com o impacto meio fácil da revelação preparada, como no exemplo de *Bufo*. Nesse caso,

---

17. Cf. *Bufo & Spallanzani*, pp. 15-17.

uma ordem desliza tranqüilamente para outra, ou melhor, uma está inserida na outra, amalgamada num todo que mostra ilhas de uma realidade possível e diferente:

"Como vai seu Demétrio? Quanto tempo, hein?"
"É mesmo, Pernambuco, já vai ano."
"Estamos ficando velhos", disse Pernambuco-Come-Gordo.
"Eu estou ficando velho", disse Demétrio, "perto de mim você ainda é um menino de berço."
Os dois riram.

Os dois homens são um velho policial e um velho marginal, que se conhecem de antigas perseguições. Imersa no ritmo maior da narrativa, a cena não choca ou quebra a seqüência; mas muda ao menos de tom. E se possuir – como no caso de Guedes e Delfina – a suspensão de um dado, retirando-a de seu contexto, surge mais clara ainda a arbitrariedade da situação, justamente pela omissão do contexto. A relação estabelecida entre os personagens, seja de que ordem for, aponta para um outro destino possível por dentro das contingências históricas.

Mencionei os dois exemplos para mostrar que há um autor implícito acima tanto de Washington quanto do próprio Vilela, ainda que mais próximo deste. Se Vilela é o homem atormentado pela falta de ressonância de seus valores na cena apreendida pelo olhar, olhar que resiste ao embrutecimento, parece que a condição para isso é estar de fora:

"O senhor é solteiro, não é?", perguntou Pedro.
"Sou", disse Vilela. "Mas quando me casar não pretendo ter muitos filhos."
"É porque o senhor não é proleta igual a nós. Proleta é que tem muitos filhos", disse Washington.

Vilela quer ver a polícia e todo o sistema judiciário como instituições à margem das relações econômicas; a marca do autor implícito mostra a quase consciência de Washington, que vive essas instituições em sua concreta situação histórica, pois se reconhece explorado como um proletário. O limite difícil entre as duas visões – a que se angustia com a violência e a que já a rotinizou – aparece claramente na "cena" de execução, armada por Vilela, em que este se sente prestes a praticar o assassinato de Jaiminho, ironicamente evitado por Washington. A cena é estratégica, pois mostra uma retidão ameaçada o tempo todo de se transformar em violência; retidão defendida em vários momentos da obra pela figura do solitário delegado, quer se chame Vilela ou não.

"'Deu tudo certo, doutor, não deu?' disse Washington. Vilela não respondeu. A viagem foi feita em silêncio." Vilela sabe que não, pois a cena antecipa uma situação policial que viria a se tornar recorrente durante os anos de regime militar, e que estará presente na memória do leitor de Fonseca quando sua obra concentrar violência e miséria. O forte diálogo que fecha o conto, em que através das rubricas o autor busca o efeito dramático, é uma clara oposição entre a mente embotada – e a seu modo justa – de Washington e o olhar desautomatizado de Vilela, que, como o velho de "O Grande e o Pequeno", busca retirar das coisas ao redor o *sentido* que elas possam esconder.

O símile

Disse páginas atrás que o livro *A Coleira do Cão* tem muito do estilo de Raymond Chandler, fato apontado pela crítica[18]. É necessário primeiramente reconhecer em Fonseca um traço co-

---

18. O escritor americano aparece algumas vezes citado na obra de nosso autor, além, obviamente, do parentesco existente entre Philip Marlowe, o herói de Chandler, e Mandrake, o herói de Fonseca.

CORPO E CONTEXTO

mum aos melhores autores do gênero: refere-se ao modo de ver do narrador-detetive, ao modo de recuperar o sentido da morte, buscando tirar-lhe o peso diluidor da rotinização esquemática, um calcanhar-de-aquiles do gênero. Essa recuperação se faz pela atenção dispensada ao detalhe, que cria o suspense e mostra um índice frágil do corpo que cai.

Fonseca, o policial e o sociólogo, é atentíssimo ao detalhe, que no seu caso vem muito provavelmente da literatura realista do século XIX, atalhando depois pelos romances policiais do entre-guerras, sem esquecer naturalmente a experiência adquirida na prática profissional. Numa simples leitura da obra, o leitor terá percebido a obsessão pelo detalhe marcante, dado ora pelo substantivo exato, ora pelo adjetivo cortante. A fim de comparar Chandler & Fonseca, cito uma descrição de cada um, ambos trilhando detalhe por detalhe até chegar ao corpo sinistro:

A cortina do banheiro era de seda verde e branco oleada, pendia de argolas de cromo brilhantes e estava puxada, fechando a entrada para o chuveiro. Corri-a para um lado, as argolas fazendo um leve ruído rascante, que por algum motivo soou indecentemente alto.

Senti meu pescoço estalar um pouco quando me abaixei. Ele estava ali, sim, senhor – não poderia estar em nenhum outro lugar. Enroscado no canto, sob as duas torneiras brilhantes, a água pingando lentamente em seu peito, do chuveiro de cromo.

"Lá no fundo, doutor", disse o guarda. Da entrada do ônibus Vilela nada via. Caminhou em direção à porta traseira. Abandonados, em vários bancos, um sapato, uma saca de feira com legumes aparecendo, um jornal, um guarda-chuva. No último banco, encolhido no fundo, braços e pernas dobrados, comprimidos contra o chão, a cabeça enfiada debaixo do banco, estava o corpo de um homem[19].

19. A primeira está em Raymond Chandler, *A Dama do Lago*, trad. Marcos

Mas o parentesco entre a linguagem de Chandler e a do livro *A Coleira do Cão* está também no lirismo que transita do primeiro para o segundo, sobretudo através do símile. Ao menos nesse momento da obra de Fonseca, a linguagem versátil e carregada de certo impressionismo lembra bastante a do escritor americano, muito mais do que a secura de Hemingway ou de Cain, que aparecerão nos livros seguintes. A frase espraiada de Chandler tem ressonância direta com esse primeiro Rubem Fonseca de "A Força Humana", por exemplo. O símile, tão ao gosto do escritor americano e da linguagem brutalista em geral, aparece com a mesma força em Fonseca, ambos inserindo a subjetividade da primeira pessoa num ambiente prosaico, e criando um efeito inesperado em meio à degradação, ao insuflar-lhe um sopro de lirismo, como nos exemplos abaixo:

Retornei pelo comprido e silencioso corredor. O elevador automático era acarpetado de veludo vermelho. Tinha um perfume de velhos, como três viúvas tomando chá.

João havia pedido desculpa e quando homem pede desculpa a gente desculpa. Apertei a mão dele, solenemente; ele apertou a mão de Waterloo. Também apertei a mão do crioulo. Ficamos sérios, como três doutores[20].

O mais freqüente, no entanto, é o símile aparecer como ponto de distorção da representação, criando o efeito cômico:

E me entregou a arma.

Santarrita, São Paulo, Brasiliense, 1984, p. 93; a segunda em *A Coleira do Cão*, p. 156. A tradução de Santarrita acompanha de perto o original; cf. *The Lady in the Lake*, ed. Penguin, pp. 105, 149, 98, 35 e 226 respectivamente.
20. *A Dama do Lago*, p. 133; *A Coleira do Cão*, p. 15.

Estendi a mão para ela, rígida como uma casca de ovo, e quase tão quebradiça.

Seus olhos azuis brilhavam como maçarico de derreter aço[21].

O recurso busca atingir a sensibilidade do leitor, através da intensificação brutalista da imagem representada:

Ele armou uma carranca, depois jogou a cabeça para trás e caiu na risada. O rugido de sua gargalhada era como um trator soltando descarga. Despedaçou o silêncio da mata.

Foram andando por entre o lixo. [...]
"Eu sinto o meu rosto cortando o fedor, como se fosse uma faca cortando queijo", disse Deodato[22].

Ou então:

Houve um silêncio na sala. Um daqueles silêncios carregados, que parecem a ponto de ser rasgados por um trovão. Não se rasgou. Continuou, pairando pesado e sólido como um muro.

Essas visões caíam em cima de mim como uma casa desabando[23].

Acerca da linguagem dos romancistas policiais norte-americanos, há uma observação precisa no ensaio "Situação do Romance", de Julio Cortázar. O contista argentino refere-se ao temor daqueles escritores diante da linguagem, pela "suspeita de sua traição", o que resultava em descrições detalhadas, abun-

---

21. *A Dama do Lago*, p. 88; *A Coleira do Cão*, p. 68.
22. *A Dama do Lago*, p. 32; *A Coleira do Cão*, p. 185.
23. *A Dama do Lago*, p. 201; *A Coleira do Cão*, p. 121.

dantes, de tal modo que o "excesso de realismo" – outro calcanhar-de-aquiles – acabava por criar o "cúmulo de irrealismo"[24]. E Chandler não se limita à descrição detalhada: força o traço de maneira a distorcer propositalmente a imagem. A exageração tende muitas vezes ao caricatural, ao grotesco, sendo que, no caso de Chandler, esse aspecto consegue conviver com o suspense do policial, através de inúmeros motivos livres que espraiam a narrativa em lirismo, naqueles momentos em que Philip Marlowe, ao volante, resolve pensar na vida. Sendo assim, o hiperrealismo do grotesco consegue ser patético ou caricatural, também lírico e violento[25].

Apesar de ser ponte entre duas realidades, o símile indicia sempre a impossibilidade da ordem subjacente ao outro contexto, tanto no caso de Chandler quanto no de Fonseca; de qualquer modo, as analogias todas do texto formam um conjunto de fendas na reificada visão urbana. Uma dessas fendas deixa entrever a natureza perdida do outro lado, onde o olhar do narrador repousa o tempo que a revelação permite. E note-se que isso é bastante insólito num autor como Rubem Fonseca, tido por todos os motivos como o cronista da metrópole "tecnocrática". Em toda sua obra, no entanto, será possível perceber contrapontos telúricos:

Seu rosto, um rosto de vitral, composto pelo azul dos olhos e pelo ruivo dos cabelos de fundo-de-tacho-velho-de-cobre.

Tinha um cheiro de fruta madura, um cheiro de árvore molhada, um cheiro de força e saúde.

24. Julio Cortázar, "Situação do Romance", *Valise de Cronópio*, trad. Davi Arrigucci Jr. e João Alexandre Barbosa, São Paulo, Perspectiva, 1974, pp. 80 e 81.
25. Sobre Chandler, ver também Gilles Lapouge, "O Romance Policial", *O Estado de S. Paulo*, São Paulo, 25 jul. 1982, pp. 2-4.

CORPO E CONTEXTO

Atrás da caixa, comprando uma ficha, estava essa guria de quem eu só via os olhos, e olhos assim eu nunca tinha visto, não era aquele olho bonito e brilhante de boneca, era um olho fundo e intenso, mas macio, e neles balançava uma sombra, como a sombra de um galho de árvore soprado pelo vento[26].

A outra ordem não é apenas a da sensibilidade que reclama o ritmo da natureza; é sobretudo a dos valores que não se reconhecem nem na rotina profissional, nem na desagregação da marginalidade. No primeiro conto de Fonseca, "Fevereiro ou Março", do livro *Os Prisioneiros*, há de saída a escolha pela quebra da rotina burocrática, da vida metódica: "Ouvi dizer que certas pessoas vivem de acordo com um plano, sabem tudo que vai acontecer com elas durante os dias, os meses, os anos. Parece que os banqueiros, os amanuenses de carreira, e outros homens organizados fazem isso. Eu – eu que vaguei pela rua, olhando as mulheres"[27].

Essa vida "desorganizada", a princípio, não quer dizer quebra de uma ordem que preserve a civilidade: quando Fausto e outros halterofilistas convidam o narrador a fazer parte do bloco das "melindrosas", "pôr a maldade pra jambrar", distribuindo "porrada pra todo lado", ele confessa: "A essa altura o Conde Bernstroff e o seu mordomo já deviam ter feito os planos para aquela noite. Nem eu, nem a Condessa sabíamos de nada; eu nem mesmo sabia se iria sair quebrando a cara de pessoas que não conhecia. É o lado ruim do sujeito não ser banqueiro ou amanuense do Ministério da Fazenda"[28].

Tal atitude desloca o narrador de Fonseca mesmo no espaço da marginalidade, sendo responsável por contrapor seu olhar an-

26. *A Coleira do Cão*, pp. 65, 69 e 121.
27. *Os Prisioneiros*, p. 10.
28. *Os Prisioneiros*, p. 11.

9 5

gustiado à degradação aceita e reproduzida por seus pares. Vejo um traço dessa preocupação de dignidade na própria escolha estilística feita pelo autor, que evita, a essa altura e sempre que necessário, a incorreção de linguagem, muitas vezes sinônimo de facilidade, quando não de preconceito com os personagens. Como o detetive Philip Marlowe, esse primeiro herói de Fonseca é um solitário confinado ao espaço exíguo entre duas desordens: a violência dos marginais e a violência legalizada. E, por isso, seu lirismo é forma de transgressão.

3

Sangue e Vinil na Cidade

> *Eu gosto da rua porque na rua*
> *ninguém me acha. É o meu último*
> *refúgio. A rua e o cinema.*
>
> Lúcia McCartney

"A Matéria do Sonho" faz parte do terceiro livro do autor, *Lúcia McCartney*.[1] Também em primeira pessoa, o conto trata das "peripécias" de um jovem interiorano no Rio de Janeiro; tendo ido trabalhar como pajem no apartamento de um casal idoso, o narrador tinha a incumbência de cuidar de Seu Alberto, um velho paralítico. Uma tarde, o filho do casal, que já não morava com os velhos, aparece de repente e, ao abrir a porta do banheiro que ficara destrancada, surpreende o jovem narrador masturbando-se. Envergonhado com a descoberta, o rapaz demite-se do emprego e vai morar numa vaga de pensão. Algum tempo depois, ele recebe a visita de Dr. R., o filho do casal, que se mostra compreensivo com o que acontecera, prometendo-lhe trazer Gretchen, a fim de "resolver seus problemas". A partir de então, o rapaz vai trabalhar no escritório do filho do casal; com uma parte do salário, começa a comprar livros, já que no antigo em-

---

1. *Lúcia McCartney*, pp. 145-155.

prego de pajem tomara o hábito da leitura, com a biblioteca de Dr. R. que ficara no apartamento dos pais. Numa das viagens que faz, seu patrão traz consigo uma boneca de vinil, a anunciada Gretchen, com a qual o narrador passa a viver num quarto alugado de apartamento, onde moravam uma viúva e seus filhos. Vivendo da ficção dos livros e da boneca, o tempo vai passando de forma "venturosa" para ele, que ouve embasbacado citações literárias de seu patrão. Um dia, com uma mordida mais forte, rasga-se o vinil da boneca; Dr. R. vai encontrar seu protegido num estado de depressão profunda, pois além de perder Gretchen, o rapaz lera naquela noite o último livro de seu herói, Pardaillan. Compreendendo a razão do desalento, Dr. R. consegue reanimá-lo assim que lhe apresenta Cláudia, a substituta de Gretchen.

A rápida paráfrase do texto quer chamar a atenção para os personagens centrais, que mantêm do início ao fim do conto uma relação profissional e de amizade, demonstrando muitas diferenças e muito em comum. Como em vários outros contos do autor, aparecem aqui as figuras de um subempregado e de um alto funcionário. Enquanto o narrador está caracterizado socialmente como *ninguém* – pois não está identificado com grupo profissional nenhum, não tem relações familiares, lugar definido onde morar e, o que é também significativo, não é tratado por nome nenhum –, o patrão mostra-se em situação quase por completo inversa, tudo dizendo que se trata de um executivo; além da diferença de situação econômica, caracteriza-o também uma procedência definida: é filho do casal de velhos. O apartamento dos pais guarda, com os livros, um pouco da figura do filho; mas a relação com o espaço doméstico não está resolvida, pois se não pertence mais à casa dos pais, nem por isso surge alguma forma de intimidade fora dela; o outro espaço é o do ambiente profissional.

Quando o narrador vai trabalhar no apartamento, ocorre uma evidente substituição entre os personagens, pois passa a ser tratado pelos velhos como filho. Ele não possui relações familiares anteriores: sabemos que viera para o Rio de Janeiro, e que na adolescência mantinha relações sexuais com galinhas, cabras e éguas. A carência afetiva determina a entrega imediata à sua nova situação: "Eu queria ser filho dos dois velhinhos".

A ausência de infância e o conseqüente apego ao casal aparecem também no fato de não querer afastar-se demais do apartamento, quando decide deixar o emprego e alugar uma vaga próxima dali: "Arranjei uma vaga na rua do Catete, acho que não quis ir para muito longe dos velhos. Todo dia eu ia pra frente do apartamento deles, do outro lado da rua. Ficava sentado no paredão do parque infantil, olhando a porta do edifício."

A posição de vigilância situa-se numa linha intermediária, pois subindo ao muro do parque infantil, o narrador participa simbolicamente de dois tempos: é adulto e criança. Mais tarde, ao travar conhecimento com o rapaz que o substitui no emprego, ele fica desconcertado com a confissão do outro, que diz gostar mais dos velhinhos do que do próprio pai: "Ele disse, você não conhece os velhinhos, nem o meu pai. [...] Não fui mais pra frente do apartamento, os velhos estavam bem entregues."

É preciso ver também a relação entre o filho do casal e o espaço do apartamento. Em vários momentos fica claro o desejo de se afastar de lá, ao mesmo tempo que mantém uma ligação com o lugar. O fato de não mais morar no apartamento, de quase nunca aparecer indicam a intenção de renúncia ao mundo dos pais, de negação do espaço infantil. É possível pensar, entretanto, que a permanência dos livros no apartamento seja uma forma de contato com esse espaço; pelos mesmos livros dá-se a entrada do narrador nas aventuras de Pardaillan, que haviam povoado a infância do filho do casal. A certa altura, Dr. R. ordena ao narrador: "Vai na casa dos meus pais e diz que eu fui viajar"; há uma relação inversa entre os dois personagens: à medida que o filho rompe os vínculos com o espaço familiar, o narrador, que não tivera qualquer ligação desse tipo, entrega-se como filho ao casal de velhos.

A ficção

Os livros descobertos no apartamento descortinam para o narrador o mundo sem limites do imaginário; ao narrar, alimenta sua história com os inúmeros romances que lê e, de um jeito ou de outro, tenta reproduzir, a fim de fazer de sua vida uma aventura de capa-e-espada. Ele fica boquiaberto com a "erudição" de Dr. R., nas divagações que este faz em sua sala. Chega a dizer que, pela dificuldade em compreender o que ouvia, "as duas vezes mais confusas eu escrevi num papel".

O narrador toma contato com o universo da cultura, que o engole ainda meio selvagem; como não tem biografia alguma, preenche o pequeno quarto de imagens, palavras, personagens, histórias e toda sorte de ficção. Depois desse trabalho, põe-se a contar sua própria história, e passa finalmente de leitor a personagem, de personagem a autor. A maior ironia surge agora: enquanto o narrador tem por matéria alguma forma de sabedoria, o personagem do conto narra a história sem rosto de sua vida, falando de alienação ao invés de experiência.

Há um desajeitamento nesse aprendiz de narrador que está, por exemplo, na condução do enredo; é o caso da boneca Gretchen, que entra em cena em hora indevida: "Saí do banheiro e pedi minhas contas. D. Julieta chorou. Seu Alberto também. Eu também. Não estás feliz aqui?, perguntou D. Julieta. Limpei minhas lágrimas e fui-me embora. Agora é que surge Gretchen. Ou melhor, daqui a pouco. Arranjei uma vaga na rua do Catete [...]."

Do mesmo modo que não se sente constrangido em corrigir-se diante do leitor, também não se embaraça ao narrar de

SANGUE E VINIL NA CIDADE

forma solta e de um só fôlego, pois o conto todo tem um único parágrafo que passa veloz diante de nossos olhos, como se ele tivesse que contar uma vida toda em pouco tempo. E por estar muito à vontade, sua narrativa contém frases como "O Dr. R. desembrulhou o embrulho", que dão certa simplicidade literária ao texto, casando-se muito bem com a ingenuidade do narrador, que tem expressões infantis para o mundo que se descortina à sua frente: "A sala do Dr. R. era coberta por um tapete vermelho e estava sempre gelado lá dentro, no inverno ou no verão. A secretária dele era uma mulher loura que mudava de vestido todo dia."

Esses traços dão ao conto um aspecto de redação escolar, como se tivesse sido escrito por um aluno sem tanta preocupação com repetições, correção gramatical, elaboração de parágrafos, e ao mesmo tempo conseguisse atingir a leveza e o ritmo de uma narrativa de aventuras.

A condição "infantil" do narrador, que contrasta com o mundo adulto do patrão, está indiciada num diálogo entre os dois personagens no início do conto, acerca de qual livro é melhor, *Fausta Vencida* ou *Crime e Castigo*. No diálogo, está suposto não só o conflito entre duas idades, como também entre duas dimensões da experiência que perpassam a obra toda de Fonseca: "Dr. R., qual o melhor livro, perguntei um dia, Crime e Castigo ou Fausta Vencida? Ele gostava mais de Crime e Castigo mas a Fausta Vencida era a sua infância. Mas também está certo gostar mais da Fausta, como você."

Ao optar pela obra de Dostoiévski, fica clara a consciência inserta no mundo dos adultos, mundo do duplo, com o peso moral das culpas e castigos, a experiência angustiada da família e da grande cidade, pois o escritor russo, no dizer de Georg Lukács, foi o primeiro que "fixou os sintomas da deformação psíquica que necessariamente surge no campo social da vida na

103

grande cidade moderna".[2] A escolha do narrador pelo livro de capa-e-espada deve-se à entrada no mundo de aventuras e sonhos, a conquista de um tempo que ele não viveu.

Contudo, ao responder a pergunta do narrador, Dr. R. opta pelo romance russo, "mas" *Fausta Vencida* era sua infância; ou seja, a conjunção adversativa da frase mostra que o outro livro também faz parte da vida afetiva do personagem; dito de outra forma, que sua infância não está morta. Se o narrador renunciou de vez ao jogo amoroso, transformando a experiência adulta da sexualidade noutra forma de ficção, Dr. R. necessita romper os laços que o prendem ao mundo da infância, refugiando-se num ceticismo cruel; é sintomático que o espaço da privacidade apareça substituído pela "sala sempre gelada do escritório".

Com a ausência da afetividade, está ausente também o relacionamento amoroso; as mulheres do conto estão destituídas, por assim dizer, de sua natureza feminina, para servir de instrumento ao mundo masculino: "Estou tão cansada, ele me cansa tanto", diz D. Julieta a respeito do marido; ou então é a "viúva", que tem o "discernimento dos sofredores", sempre preocupada com os filhos; ou a secretária, outra forma de substituição. Se as mulheres estão destituídas de seu corpo, os corpos masculinos, por seu lado, mostram-se atingidos por alguma forma de incapacidade de movimentos plenos: Ivo com os trejeitos; Seu Alberto com a paralisia; o narrador com os desmaios; Dr. R. com a impostura de títere: participam todos de um mundo de marionetes.

O tempo

Sabendo que a maioria dos livros citados é composta de romances, nas longas enumerações que faz o narrador, é preciso

---

2.   Georg Lukács, "Dostoievski", *Ensaios sobre Literatura*, trad. Leandro Konder e outros, Rio de Janeiro, Civilização Brasileira, 1968, pp. 165-166.

apreender alguns traços híbridos do conto, que estão na intenção do personagem que relata sua história. No romance, a busca que o personagem empreende tem sua plenitude e degradação em relação direta com o tempo da narrativa: depois de tocada a plenitude, as coisas caminham rapidamente para o fim. Vivendo o drama de um fim iminente, o narrador tenta adiar a perda mantendo acesa a chama da narrativa. É certo que estamos pensando na forma do século XIX, quando o romance ainda não se mostrava retalhado pela vida moderna. Dos livros citados pelo narrador do conto, até onde posso perceber boa parte está inserida no contexto do século passado, saídos muitos deles das aventuras românticas. Além disso, muitos formam uma série de obras tendo por eixo um determinado personagem, ao gosto dos grandes painéis. É o caso, por exemplo, do personagem Pardaillan, criado pelo escritor francês Michel Zévaco, protagonista de várias obras citadas no conto.

Um dos momentos centrais da narrativa é a "morte" de Gretchen, que coincide com a morte de Pardaillan, o herói do narrador. A morte de Pardaillan não é dolorosa somente pela aventura que narra, que serve de modelo ideal para o rapaz; é que representa também a morte do tempo ficcional que, de forma encadeada, passava de um livro a outro. Sua morte significa, assim, uma rachadura no mundo do narrador; o fim do personagem situa-se no mesmo plano da perda da boneca. Mas o narrador refere-se a romances e nós estamos lendo um conto; uma das formas pelas quais poderíamos definir a diferença entre a unidade de tempo do romance e a unidade de tempo do conto seria dizendo que, enquanto o romance conta a vida de um herói, o conto fala de um ato heróico. Essa diferença, também de ação, implica uma duração diferente: enquanto o primeiro é mais extensivo, mais distendido, o segundo é mais intensivo, mais concentrado. O primeiro é sobretudo épico; no segundo, pode-se ouvir uma voz ora trágica, ora lírica. À medida que o pano de fundo do conto que lemos é composto pelo gênero do romance; à medida que ele, narrador, pretende ser uma extensão de Pardaillan, é preciso avaliar como o tempo se estende no conto; ou, por outra, como o conto procura encenar parodicamente a vida de um romance.

Muitos contos de Fonseca trazem um romancista como personagem central, falam de inúmeros romances, e se utilizam de formas distendidas de narração, como no caso do livro anterior. Isso cria uma tensão no conto, especialmente pela forma de narrar: é construído, elaborado, mas há um jeito muito à vontade do narrador, que parece escrever sem se preocupar com limites, ainda que se trate de uma situação-limite. O resultado é uma narrativa ágil, móvel, veloz, terminando quase sempre num corte brusco, ainda que isso lhe dê um sentido acabado. São contos em que "o contista condensa a matéria para apresentar os seus melhores momentos"; ou seja, é o caso "de uma ação longa ser curta no seu modo de narrar".[3]

Um dos recursos utilizados para isso na "Matéria do Sonho" é a enumeração dos romances lidos pelo personagem, que tende ao sem-fim. A conhecida distinção entre "cena" e "sumário narrativo" serve para explicar as referências literárias do conto. Há referências que importam para o jogo da intertextualidade, e que poderíamos considerar como cena; entretanto, as longas enumerações podem ser vistas como sumários, pois nenhum daqueles livros é importante isoladamente, e sim em conjunto. O sumário dessas enumerações possui um correlato bastante nítido com o sumário cinematográfico, de tal modo que para esse caso poderíamos pensar numa sobreposição de imagens: a

---

3. Norman Friedman, citado em Nádia Batella Gotlib, *Teoria do Conto*, São Paulo, Ática, 1985, p. 64.

SANGUE E VINIL NA CIDADE

imagem do rapaz lendo seria vazada pela imagem rápida das
páginas sendo viradas.

Há uma passagem anterior à última enumeração, igualmente
importante para essa distensão temporal:

> Passou algum tempo. Descobri uma ruga na testa do Dr. R. Amei
> Gretchen todas as noites falando no seu ouvido para a viúva não ouvir,
> mordendo sua orelha, seu peito, o bico do seu peito, ah, Gretchen, sub-
> missa. Li. Visitei os velhinhos. O Ivo estava cada vez melhor. D. Julieta
> me disse estou tão cansada, ele me cansa tanto. Ele era o Sr. Alberto: o
> tempo tinha mesmo passado.

Conforme mostra o trecho, o conto é narrado como se fosse
a história de uma vida, com um fôlego de grande narrador, diferente do traço teórico que vimos acima, do "ato heróico", o que
exige uma técnica segura para equilibrar a relação entre tensão e
distensão. O conto parece conter espremida dentro de si uma
narrativa romanesca, que por sua vez força o limite de tempo e
espaço do próprio conto.

As enumerações têm o propósito de mostrar um mundo
compactado pela ficção, cuja entrada se faz por um único parágrafo que, depois de acionado, não deixa qualquer espaço em
branco, qualquer sinal de distanciamento crítico, como se o personagem fosse engolfado pelas palavras. Curiosamente, o narrador toma conhecimento desse mundo através de um jogo verbal
que liga texto e contexto: "Começando do princípio: li o anúncio no jornal [...]". Assim, o plano da realidade e o da escritura
fundem-se de saída, de tal modo que o conto é o relato de uma
leitura. Nesse sentido, mesmo o título *Como Jogar Basketball* tem
importância para a relação entre ficção e realidade, pois o conflito entre ato e palavra, central no conto, está presente na citação
do livro. Enquanto Ivo, o substituto do narrador, sai do serviço e

107

vai jogar bola com os garotos, o narrador transforma uma atividade sobretudo física em exercício intelectual, numa abolição completa do corpo.

Calibã urbano

Tanto o título do conto, quanto um trecho inserido nas falas de Dr. R., são tirados do drama de Shakespeare, *Tempestade*, escrito pelo dramaturgo já no fim da vida. É a obra que os românticos irão valorizar pela mescla de tragédia e comédia; Victor Hugo define sua noção de drama, no prefácio a *Cromwell*, referindo-se explicitamente a *Tempestade*. Hugo contrapõe o sublime de Ariel, o gênio etéreo que vive sob as ordens do príncipe Próspero, ao aspecto hediondo do selvagem Calibã; enquanto Ariel pertence a uma natureza superior, entre humano e divino, Calibã participa da mistura do homem com o mundo inferior, o que causa aos marinheiros italianos constantes enganos quanto à sua natureza. Ambos formam uma única totalidade, que não é nem o gênio, nem o selvagem, mas o homem duplo pensado por Hugo e pelos românticos: "prisioneiro dos apetites, necessidades e paixões"; mas também "levado pelas asas do entusiasmo e da fantasia"[4].

Num dos monólogos "incompreensíveis" para o narrador do conto, ouvidos na sala de seu patrão, Dr. R. cita um trecho antológico de *Tempestade*, pronunciado na peça pelo príncipe Próspero, de onde sai o título do conto. O trecho é o seguinte:

Esses nossos atores, como foi dito anteriormente, eram todos espíritos e dissolveram-se no ar, no ar fino, e, tal como a infundada estrutura dessa visão, ou o tecido sem base dessa imaginação, se preferir uma

---

4. Victor Hugo, *Do Grotesco e do Sublime. Tradução do Prefácio de Cromwell*, trad. Celia Berretini, São Paulo, Perspectiva, s.d., p. 42.

SANGUE E VINIL NA CIDADE

opção de tradução, as torres cobertas de nuvens, os deslumbrantes palácios, os templos solenes e o próprio grande globo, tudo se dissolverá, assim como este espetáculo sem substância desbotou sem nenhum tormento deixar. Nós somos a matéria de que os sonhos são feitos, e nossa pequena vida está envolta pelo sono, e acrescento, eu acrescento, continuou o Dr. R., envolta pelo sonho.

Como o trecho é pronunciado por Dr. R., o primeiro movimento de interpretação é o de aproximá-lo a Próspero; por outro lado, é possível também aproximar nosso narrador de Calibã, com quem mantém uma origem algo semelhante. O conflito do conto manifesta-se a partir de uma cena privada que se torna pública; a ausência de contato físico é compensada de várias maneiras pelo personagem: num primeiro momento, ele dá notícia de sua infância e adolescência, quando mantinha relações com várias espécies de animais: galinha, cabra etc. É justamente ao relatar tais episódios a Dr. R., que este faz o comentário jocoso: "Qual a melhor? A galinha ou a cabra?, perguntou o dr. R. da mesma maneira que eu perguntei qual era melhor Crime e Castigo ou Fausta Vencida. A cabra, respondi."

Ficamos sabendo, nessa passagem, que o rapaz vem de uma região interiorana para a cidade grande. Esse espaço indeterminado supõe uma forma rústica de vida, em que é possível alguma convivência indiferenciada entre homens e animais. O espaço "natural" de onde vem, sem família e sem nome, faz pensar no personagem como um ser de força selvagem em contato com o mundo da cidade, do consumo e da higiene.

Com a chegada de Gretchen, o narrador encontra-se num outro nível de substituição, agora acompanhado da boneca e dos romances. Gretchen possui antecedentes famosas na literatura alemã: quanto ao nome, a personagem de *Fausto*, de Goethe; quanto à natureza, a boneca Olímpia de E. T. A. Hoffmann, que se tornou o exemplo acabado da espécie de grotesco que mistura o mecânico e o humano. Ao analisar o conto de Hoffmann, Wolfgang Kayser faz algumas observações que podem ser interessantes para o nosso caso: sugere que, no grotesco, junto a um sentimento trágico da existência, convive algum modo possível de comicidade, intimamente ligados, e que formam a base dessa representação:

> Que Natanael tome uma boneca por um ser vivo, que se julgue amado por ela e lhe faça declarações de amor, são ações que poderiam, talvez, ser representadas em termos puramente cômicos; na plasmação que Hoffmann lhe dá, no entanto, isto se torna grotesco autêntico, que nos causa um efeito ridículo e horroroso ao mesmo tempo. Por fim, Hoffmann logra algo mais: a permanente insegurança do leitor, quanto ao comportamento das coisas na realidade[5].

No conto de Hoffmann, a mistura de comicidade e horror encontra correspondência na mescla de inocência e demonismo que conduz os personagens: é a inocente Clara quem convida Natanael para apreciar a cidade do alto da torre e, sem saber, acaba mostrando a figura de Copélio que se aproxima, a quem Natanael quer esquecer, conduzindo-o dessa forma ao fim trágico. Mas há outro trecho do crítico alemão que nos interessa mais de perto: ao comentar a paixão de Natanael pela boneca Olímpia, diz ele: "Natanael, porém, que se enamorou daquela figura ao olhar pelo telescópio, está obcecado; não vê tudo o que há de mecânico na boneca e experimenta, a seu lado, as mais sublimes exaltações de seu íntimo."[6]

---

5. Wolfgang Kayser, *O Grotesco*, ed. cit., p. 72; fiz menção ao conto de Hoffmann no primeiro capítulo, por ocasião do grotesco e da teoria de Freud.
6. W. Kayser, *op. cit.*, p. 71.

SANGUE E VINIL NA CIDADE

Quando lemos essa passagem ao lado do conto de Fonseca, não temos dificuldade alguma em estabelecer a mesma relação para os dois personagens. A ingenuidade que domina a ambos leva-os ao encontro de um corpo sem vida, e mesmo assim, às efusões mais íntimas. Entretanto, há diferenças fundamentais entre os dois amantes e suas bonecas: a relação de Natanael e Olímpia tem elementos quase de loucura; na "Matéria do Sonho", o narrador ama Gretchen, uma boneca de vinil, tem "consciência" disso, e mesmo assim vive com ela a história de amor que narra aos leitores.

Da mesma forma que ocorria na cidade do interior, e ocorrerá depois ao conviver com Gretchen, não há para ele conflito algum na ausência de contato humano. Por que razão Dr. R. encomenda a boneca, se para o rapaz a atividade solitária do onanismo não representa nenhum problema? Além disso, tanto Dr. R. quanto os leitores sabem que os problemas *não* se resolvem com a chegada de Gretchen. Há um trecho do texto que aponta para a questão: "Gretchen é uma transfiguração, você foi virado pelo avesso você agora é outra pessoa. O Governo Brasileiro devia providenciar uma Gretchen para cada homem solitário como você por motivos sociais e/ou psíquicos. Assim falou o Dr. R."

À medida que a intimidade se torna pública, o desencantado e perverso Dr. R. descobre a solidão do rapaz, e cria uma cadeia de "transfigurações", fornecendo-lhe a boneca e os livros. Trata o rapaz não como um conquistador civilizado ao chegar a uma ilha, mas como um cientista da cidade, a cujo laboratório chegasse um ser estranho para servir de cobaia. Curiosamente, a dominação de um moço interiorano e a colonização de um ilhéu guardam várias semelhanças: da mesma forma que na peça de Shakespeare, em que Calibã é dominado pela cultura do mundo civilizado e, como ele próprio diz, ganha as palavras mas perde a ilha, assim também o narrador do conto de Fonseca rende-se aos fetiches e "prestígios" da cultura urbana: ganha Gretchen e os livros, mas perde a liberdade da vida privada. O que era objeto de transfiguração e sagrado na fala de Próspero, na citação de Dr. R. torna-se "objeto" produzido em série. Depois do clímax da morte de Gretchen, há o desenlace com a chegada de Cláudia: o final está de acordo com a expressão irônica do patrão, que afirmara, relendo Shakespeare & Lennon, que "nossos sonhos não terminaram, começaram". E Calibã casa-se com Olímpia: o corpo selvagem e o corpo mecânico fundindo-se numa perfeita unidade grotesca.

A cidade

O narrador de "A Matéria do Sonho" atualiza a antiga figura familiar do agregado, tipo comum na literatura brasileira, e que recebeu representações memoráveis. Na obra de Fonseca, de alguma forma invertem-se os termos da "dialética da malandragem", para usarmos a conhecida expressão de Antonio Candido; não é entre duas "ordens" que se situa o agregado do conto: a marginalidade está no alto e no baixo da sociedade instável das grandes cidades brasileiras, onde as duas formas de desordem constantemente se encontram. No centro, a classe média ordeira do conto, que responde mais ou menos conformada à espoliação que o progresso cria, sem aparecer, porém, com muito peso na obra de Fonseca, que prefere os extremos de uma sociedade que perdeu a noção de centro.

O ambiente da literatura de Rubem Fonseca é o da grande cidade, a metrópole dos negócios e dos executivos; contudo, em meio ao avanço tecnológico aparece a reivindicação do corpo, num protesto que aproxima o autor da perspectiva da *geração beat* e de autores afins, em oposição à sociedade consumista, a um tempo selvagem e militarizada. A cidade que aparece em *Lú-*

SANGUE E VINIL NA CIDADE

cia McCartney é a metrópole de hábitos cosmopolitas, que passou a caracterizar as relações urbanas no Brasil e, de forma geral, em outros países inseridos num processo acelerado de industrialização, processo vinculado e legitimado pelo avanço das telecomunicações. Essa mudança radical foi rompendo e deixando para trás a cultura e a vida interiorana brasileira, em nome de outra freneticamente urbana.

Como já se disse, a internacionalização de nossa cultura tem sido feita através de um processo problemático, devido ao descompasso enorme entre campo e cidade, descompasso tematizado em muitos momentos da literatura brasileira. O conto "A Matéria do Sonho" aparece no livro de 1969, momento em que se inverte no Brasil a densidade demográfica, com a população urbana passando a representar a porcentagem maior do total de habitantes. O descompasso referido aparece de forma exemplar no conto: o mais "atrasado", o interior, na figura grotesca do narrador; e o mais "moderno", urbano, na figura também grotesca da boneca. *Lúcia McCartney* é, dos três livros, aquele que pode ser considerado o *estranho*, no sentido forte do termo: o espaço da cidade é visto como uma praça onde se misturam, em todo o livro, luxo e miséria, bonecas e bichos. A imagem que fica, terminada a leitura, é a de uma cidade insólita, algo parecido a uma feira de variedades, na qual se multiplicam os corpos grotescos, níveis de linguagem se fundem, tudo como num filme carregado de bizarrices. Desse modo, o conflito de "A Matéria do Sonho" vai-se repetindo conto a conto, nos quais "os limites entre personagens, animais e coisas vão-se diluindo", como diz Fábio Lucas.[7]

A cidade é o espaço central do livro de 1969, da mesma forma que o quarto era o espaço por excelência do livro de estréia; é

---

7. Fábio Lucas, "Os Anti-heróis de Rubem Fonseca", *Fronteiras Imaginárias*, Rio de Janeiro, Cátedra/INL, 1971, p. 118.

113

a obra de "sentimento do mundo" para o autor, num contexto que é ele também "altamente internacionalizado e dissolvente para a vida individual"[8]. A grande maioria dos contos se passa na rua ou em espaços coletivos; e um dos sentimentos decorrentes é o de impessoalidade absoluta, o anonimato que tende a se multiplicar infinitamente. Isso já estava no conto "A Força Humana", em que o narrador perguntava angustiado pela verdadeira identidade das pessoas além do nome; agora, ainda que haja consciência da degradação, o certo é que as ruas tornaram-se o espaço propício aos encontros. E a seu modo, o personagem mais cativante do livro – o advogado Mandrake – a certa altura faz uma declaração de amor à cidade: "Ficamos em silêncio, olhando as calçadas cheias, do outro lado da rua, as luzes dos cinemas. Eu pensava 'puta merda, eu gosto pra caralho desta cidade'"[9].

Mas se nessa passagem, a despeito de tudo, há um breve momento de repouso, constantemente o que se vê é a cidade da corrupção, da degradação, dos corpos entulhados, num movimento labiríntico e incessante:

"Vê a cidade lá embaixo? Ruas, pessoas empilhadas morrendo, copulando, fugindo, nascendo, matando, comprando, roubando, vendendo, sonhando".

"Não entendo", disse-lhe com toda a honestidade.

"Imagine um edifício na Avenida Nossa Senhora de Copacabana. Ele fala?".

"Não".

"Então é porque o senhor não está imaginando, está apenas vendo. Vendo por fora. Mas a imaginação vê por dentro. Entendeu?"[10].

8. Davi Arrigucci Jr., "Gabeira em Dois Tempos", *Enigma e Comentário*, São Paulo, Companhia das Letras, 1987, pp. 122-123.
9. *Lúcia McCartney*, p. 89.
10. *Lúcia McCartney*, p. 103.

SANGUE E VINIL NA CIDADE

É esse o movimento do olhar que sai de um ponto exterior, turístico, e penetra no interior de miséria e prostituição dos apartamentos no início do conto que talvez condense a imagem mais contundente e convincente do Rio de Janeiro: "O Caso de F. A.". O conto se inicia com uma frase incompreensível: "'A cidade não é aquilo que se vê do Pão de Açúcar. Na casa de Gisele?'"[11] Por iniciarem o conto, as duas orações parecem desvinculadas; ocorre que a primeira é dita pelo autor implícito, não como frase anterior do diálogo, cuja seqüência lógica fosse a segunda. Ela serve para o conto todo: a história que o leitor lerá não pode ser apreendida do Pão de Açúcar, pelos olhos turísticos e/ou inocentes.

Em 1940, outro mineiro radicado no Rio já se referia a esse olhar distante, confortável, que vê a cidade de cima, bebendo "honradamente" sua cerveja. O advérbio está no poema "Privilégio do Mar", de *Sentimento do Mundo*, de Drummond; ao lado desse, está outro poema, "Inocentes do Leblon", mais sugestivo:

> Os inocentes do Leblon
> não viram o navio entrar.
> Trouxe bailarinas?
> trouxe emigrantes?
> trouxe um grama de rádio?
> Os inocentes, definitivamente inocentes, tudo ignoram,
> mas a areia é quente, e há um óleo suave
> que eles passam nas costas, e esquecem[12].

No poema de Carlos Drummond, o navio fantasma pode trazer bailarinas e bombas; algumas décadas depois, Rubem Fonseca relê o poema de Drummond num conto-poema: "Os Inocen-

11. *Lúcia McCartney*, p. 61.
12. Carlos Drummond de Andrade, *Poesia e Prosa*, 6. ed. Rio de Janeiro, Nova Aguilar, 1988, p. 63.

tes" que não viram a guerra, continuam sem ver os destroços que chegam diariamente:

O mar tem jogado na praia pingüim, tartaruga gigante, cação,
[cachalote.
Hoje: mulher nua.
Depilada pareceria enorme arraia podre.
Porém cabelos e pêlos lembram animal da família do macaco;
corpo lilás de manchas claras mármore de carrara incha exposto;
sangue, tripas, ossos perderam calor e pudor;
olhos, lábios, boca, vagina: peixes devoraram.
Banhistas instalam barracas longe da coisa morta,
logo envolvida por enorme círculo de areia, indiferença, asco.
Policial limpa suor da testa, olha gaivota, céu azul.
Afinal rabecão: corpo carregado.
Espaço branco vazio cercado
pelo colorido das barracas, lenços, biquinis, chapéus, toalhas,
por todos os lados.
Chega família:
"Olha, parece que reservaram lugar para nós"[13].

À cidade suja, escatológica, correspondem abertamente a miséria e a violência, dadas também no asfalto e nas feiras. A violência está representada em dois níveis extremos: num primeiro, através da alegoria que fala de uma metrópole do futuro (Rio, São Paulo, Recife etc.), em que o requinte tecnológico não eliminou a miséria: deu-lhe apenas um outro nome; refiro-me, por exemplo, ao conto "O Quarto Selo (Fragmento)", que se parece bastante com o futuro antevisto pelo diretor Ridley Scott,

13. *Lúcia McCartney*, p. 187. A sugestão dessa aproximação está em Alfredo Bosi, "Situação e Formas do Conto Brasileiro Contemporâneo", *O Conto Brasileiro Contemporâneo*, São Paulo, Cultrix, 1975, p. 18.

SANGUE E VINIL NA CIDADE

em *Blade Runner*, mas cuja referência mais próxima está no filme *Soylent Green*, de Richard Fleischer.[14]

O outro extremo da violência não é alegórico, nem futuro: é o registro do fato sangrento, em que "qualquer semelhança não é mera coincidência". São três ou quatro contos que se afinam com o registro comum a vários escritores do período, e falam de fatos cada vez mais cotidianos durante os anos de 70 e 80 no Brasil. É a linguagem brutalista de que já se falou acerca dessa literatura jornalística, e que pode ser definida na fórmula precisa de Alfredo Bosi: "secreção e contraveneno".[15]

O lirismo que não encontrava espaço no livro anterior foi eliminado quase que de vez. Como já notou a crítica, o personagem de "Desempenho" – conto que abre o volume – é o mesmo dos contos que abrem os livros anteriores. Mas a situação não é a mesma: em "A Força Humana", o proprietário da academia queria a todo custo que o narrador vencesse o campeonato, um caminho que este sabia fadado ao fracasso. A desconfiança de então acha-se justificada no tom e na situação de abertura do novo livro, aparecendo explícita numa fala durante a luta de vale-tudo, em que o personagem mostra sua revolta diante da "sacanagem" do treinador: "Rubão gira e de costas me acerta o pé no pescoço – das arquibancadas vem um som de onda do mar quebrando na praia – com um físico desses você vai acabar no cinema, mulheres, morango com creme, automóvel, apartamento, filme em tecnicolor, dinheiro no banco onde é que está?"

E reaparece o *outro lado da moeda* na figura do proprietário da academia – João – que faz uma breve aparição no conto "O

14. O filme de Fleischer e alguns contos de Fonseca guardam muita semelhança; há uma suposta referência a ele no livro *Feliz Ano Novo*, para a qual chamarei atenção no momento oportuno.
15. Alfredo Bosi, *O Conto Brasileiro Contemporâneo*, ed. cit., p. 18.

Caso de F. A.", explicitando o interesse que tinha na carreira dos alunos:

> Disquei o telefone.
> "João?"
> "É sim..."
> "Quando é que você vai me pagar aqueles quinhentos?"
> "Puxa, rapaz, você sumiu, nunca mais deu as caras. Aposto que parou, deve estar uma vaca".
> "Quer sair pra uma? Pra ver?"
> "Ha, ha!, Doutor!"
> "Você é que deve estar com uns 120 de cintura".
> "Estou treinando todo dia. Você precisa vir aqui. Eu remodelei tudo"[16].

O amordaçado e o mordaz

O conto "A Matéria do Sonho" fala de um momento de impasse na obra de Fonseca, correspondendo à situação intermediária do livro *Lúcia McCartney*. Da mesma forma que os dois personagens do conto se contrapõem e se compõem, o narrador de Fonseca vai se modificando de maneira contundente, enquanto expressão de uma possível transformação das formas de vida social. No conto que lemos, esse narrador encontra-se claramente dividido: por um lado mostra-se como impulso para a aventura do corpo que termina catalisado pela sociedade de consumo; por outro, como consciência crítica e irônica que vem do contato com a realidade, e da transformação desse contato em palavra. Quando o personagem desencantado e cínico tornar-se agente do próprio corpo e enredar-se nas relações e na conquista do

---

16. *Lúcia McCartney*, pp. 14 e 86.

SANGUE E VINIL NA CIDADE

espaço, aproximando imaginação romanesca e cotidiano, corpo e palavra, então aqueles dois homens que habitam a matéria do sonho serão um só e o conto de Rubem Fonseca será conhecido pela contundência de "Feliz Ano Novo", de "Pierrô da Caverna" e de "Mandrake".

Os dois primeiros livros do autor trazem um narrador intimidado, ainda que no nível da relação amorosa haja no segundo uma maior liberdade. Nesse terceiro, a década está se fechando de forma dramática no Brasil, e o livro que aparece incorpora essa dramaticidade. Situado de maneira significativa no meio do percurso, o livro oferece-nos uma espécie de cruzamento de caminhos, percorridos ou desconhecidos de seu herói. *Lúcia Mc-Cartney* representa a mudança mais marcante na evolução da obra; a fim de comparar com as epígrafes anteriores, cito a desse livro, tirada do Apocalipse, mostrando a mudança radical:

E quando se abriu o quarto selo, ouvi a voz do quarto animal, que dizia: "Vem e vê." E apareceu um cavalo amarelo: e o que estava montado sobre ele tinha por nome Morte, e seguia-o o Inferno, e foi-lhe dado poder sobre as quatro partes da Terra, para matar à espada, à fome e pela mortandade, e pelas alimárias da Terra.

Situado no meio do percurso, o livro de 1969 fecha o movimento dos primeiros dois; fecha o primeiro círculo da espiral e deixa entrevisto o outro desenho que começa a se abrir, anunciando os temas, a linguagem, personagens e atitude crítica que o narrador assumirá daí em diante. A dualidade de atitude está prenunciada no conto analisado: o velho Dr. R. encarna a despedida do homem preso ao passado, à infância, presente de forma obsessiva no conto "O Inimigo", do primeiro livro; e introduz no mundo da fantasia criadora o jovem personagem que viverá daí em diante a mistura de ficção e realidade; só que não mais como

119

nostalgia do passado – até onde for possível –, e sim como frenética fantasia da libido.

Nos primeiros livros, há o desejo de ver por trás da máscara; depois, ocorre um achatamento psicológico: máscara e gesto são uma coisa só, o que de certo modo torna a questão menos angustiante. Observe-se a saída irônica de Lúcia McCartney: a garota hesita entre várias formas de suicídio, devido à desilusão amorosa, e termina indo à "boate". Começa a aparecer na obra de Fonseca o traço machadiano das compensações, que nele está associado à inconstância afetiva na grande cidade; note-se que Lúcia nada tem da timidez de Leninha, de "A Força Humana"; não pesa sobre ela o mesmo sentimento de culpa que pesava sobre a outra personagem; seu problema resume-se ao fato de ela ser pobre.

A passagem de uma situação a outra acha-se metaforizada num pequeno conto, situado curiosamente no meio do conjunto: "Um Dia na Vida". O conto é montado em onze segmentos que falam das atribulações de um jovem durante o serviço militar; de certo modo, a pequena narrativa tem um sentido de "conto de aprendizagem", de entrada na vida adulta, com a poesia do coração sendo ferida pela prosa do mundo:

"Papai é banqueiro. Mamãe está em todas as sociedades filantrópicas. Uma família de burgueses. Nunca ouvi um puta que pariu lá dentro de casa [...]."

"Fermento Royal com a ponta do rebenque tocou os meus cabelos logo abaixo do bibico verde que eu usava. Você é puto? É poeta? É pintor? Não senhor, respondi. Então vai cortar esses cabelos. Você está no exército, agora. Foi minha primeira covardia. Devia ter dito, sou poeta, EU SOU POETA. Mas sou o mil-e-cem, um número [...]"[17].

17. *Lúcia McCartney*, pp. 133 e 136.

SANGUE E VINIL NA CIDADE

O foco narrativo desliza inesperadamente da subjetividade da primeira pessoa para o discurso impessoal de terceira, a fim de dar o desamparo das fisionomias uniformes dos soldados: "'[...] O cavalo está pronto. Eu estou pronto. Não sei o que faremos hoje. Cross country? Terra-cavalo com transposição e tesoura? Salto de obstáculo com a mão na nuca? Minha boca está seca. Todas as manhãs eu sinto esse medo'. Mil-e-cem tira o cavalo da baia."[18] E o conto se fecha com a aceitação irônica do jovem soldado: "'Eu agora estou no exército. Caxias era um grande sujeito [...] Estou metido num colete de gesso, quebrei duas costelas. Cavalaria é arma de macho'".[19]

"Um Dia na Vida" possui várias cenas que se passam em mais de um dia; dessa forma, o título alude a algo mais amplo, um momento decisivo da vida, ou seja, o serviço militar funcionando como um rito de passagem. Lido hoje, o conto aparece cifrado em alegoria, o aprendizado difícil pelo qual passou a juventude brasileira que cresceu no período da ditadura militar.

É curioso observar que justamente nesse livro surge o advogado Mandrake, em "O Caso de F. A.", tornando-se a partir de então o personagem mais conhecido do autor. Desse primeiro Mandrake para o último, de *A Grande Arte*, há diferenças de várias ordens, mostrando não se tratar de uma figura rígida ou esquemática. É possível, por isso, pensar que mesmo antes de sua primeira aparição, ele já ensaie os passos iniciais com outra identidade, da mesma forma que ocorrera com seu duplo, Philip Marlowe, que antes de atingir a plena forma em romances como *O Sono Eterno*, *Adeus Minha Adorada* e outros, aparecera em vários contos também com outros nomes.

18. *Lúcia McCartney*, p. 137.
19. *Lúcia McCartney*, p. 139.

No caso de Mandrake, os ascendentes estão em dois contos que destoam do conjunto em que se inserem: o primeiro, de *Os Prisioneiros*, é "Teoria do Consumo Conspícuo"; o segundo, de *A Coleira do Cão*, é "Relatório de Carlos". Em "Teoria do Consumo Conspícuo", já se prenuncia o tom e o erotismo de Mandrake: "Era o último dia de carnaval e todo carnaval eu sempre fora com uma mulher diferente para a cama [...] Era uma espécie de superstição como a desses sujeitos que todo ano vão à igreja dos Barbadinhos."[20] Coincidentemente, "O Caso de F. A.", conto em que aparecerá Mandrake, se passa também nos dias de carnaval, havendo não só a festa carnavalesca, mas muito de humor no conto.

"Relatório de Carlos", que destoa igualmente da seriedade e pungência dos demais contos do conjunto em que aparece, traz o cinismo do também advogado e mulherengo Carlos Augusto, cujas citações e reflexões guardam semelhança, como já disse, com as do romance *A Grande Arte*, onde aparece um Mandrake já maduro. Essas relações não eliminam a diferença que há entre os primeiros personagens e Mandrake, mas demonstram o veio irônico, mordaz, que se vai formando e que depois será tão largo na ficção do autor.

Mandrake surge, portanto, em "O Caso de F. A."; nesse mesmo conto, aparece pela última vez, salvo engano, o personagem que freqüentara vários contos anteriores: o halterofilista, um sujeito "meio esquisito, calado demais",[21] que ajuda o advogado-detetive a resolver o enigma Miriam-Elizabeth-Laura. No encontro desse halterofilista telúrico com Mandrake, a substituição do homem amordaçado pelo homem mordaz, vejo o instante de cruzamento de caminhos, e o anúncio da nova atitude que percorrerá a obra daí por diante.

20. *Os Prisioneiros*, p. 38.
21. *Lúcia McCartney*, p. 86.

Contraconto

Em função do trato mais estreito com as agruras do dia-a-dia, multiplicam-se corpos grotescos pelos contos, só que agora, a exemplo de Gretchen, convivendo o humano e o mecânico, mostrando o descompasso econômico dos anos consumistas que chegavam. Há, por exemplo, o conto "Zoom", cujo título vincula-se diretamente a um movimento mecânico; no conto, é o movimento do olho do personagem, que o descreve como um olho mecânico. E a linguagem incorpora essa mecanização através de um ritmo sincopado, com muitos pontos separando palavras solitárias, sem movimento: a expressão "Ordem. Ordem" pontua o conto em muitos momentos, como alegoria de uma sociedade em que a vida não pode fluir. Convivem lado a lado, nesse livro, o corpo vitimado pela extrema pobreza e o corpo automatizado por uma sociedade que se atira freneticamente ao mundo totalitário da tecnologia, em que os objetos passam a ser parte imprescindível do corpo. A solidão torna-se resultado dessas várias cenas de alienação.

O livro mostra também um violento questionamento de linguagem, um impulso irrefreável de destruição, que encontra inspiração numa realidade bizarramente apreendida, e que se mostra aos pedaços no livro, corpo e palavra mutilados. A mudança de linguagem dos contos implica necessariamente mudança de perspectiva do narrador: se os textos perdem o sopro poético do primeiro momento, é porque ocorre um trauma no olhar e na imagem, de tal forma que a linguagem agora mal consegue articular-se:

madureira flecha luz mão na bolsa dinheiro na mão. Dinheiro no bolso, três passos. LADRÃO! LADRÃO! SOCORRO! A mulher se agarra em madureira. Rua São Clemente. Dois Pms correm – jogar dinheiro fora – braços presos pela mulher – Pm[22].

22. *Lúcia McCartney*, p. 203.

Há contos como "***(Asteriscos)", "O Quarto Selo", "Zoom", "Corrente", "Âmbar Gris", "Os Inocentes", "Correndo Atrás de Godfrey" e "Manhã de Sol" que demonstram a desarticulação entre linguagem e mundo, sofrendo por dentro o estranhamento da realidade e da palavra, como se ao ser apreendida a realidade explodisse a frase, e o conto fosse a colagem dos pedacinhos. Há outros como "Desempenho", "Os Músicos", "A Matéria do Sonho", "O Caso de F. A.", "Um Dia na Vida" e "Véspera" em que a linguagem foi tomada por uma espécie de frenesi, um impulso incontrolável do narrador que, mergulhando de cabeça no pesadelo, é lançado à deriva dos lugares e sentimentos incertos. Todos eles, dessa forma, mostram a impossibilidade de repouso da linguagem, a perda irremediável da música da vida, justamente num livro que traz no próprio título a inspiração musical dos anos de 60.

A linguagem de *Lúcia McCartney* é um desnorteio, uma busca: basta ver o prosaísmo do título de alguns contos; ela ainda não se articulou o suficiente para apreender uma totalidade maior de determinações: é um trabalho ainda de desconstrução, quebrando o sentido reificado ao fazer que frases ou palavras soem com toda a força de *signos* de um determinado contexto, justamente pelo destaque que recebem no novo contexto. Observe-se um exemplo: "'Este trabalho é muito fácil de fazer. Vou lhe dar um conselho: agarre esta oportunidade com unhas e dentes [...]'."[23] Trata-se de um conto de ficção científica, em que um velho torturador aconselha um jovem que se inicia na profissão com uma frase-feita, aparentemente casual, mas que faz ressaltar o sentido animalesco das metáforas no uso cotidiano.

Há também em seu estilo, como já observou a crítica, muita influência do modo cinematográfico de narrar. Quem lê seus con-

---

23. *Lúcia McCartney*, p. 54.

SANGUE E VINIL NA CIDADE

tos percebe de imediato a agilidade criada pelos cortes bruscos: bastaria pensar a esse respeito no "Caso de F. A.", em que o corpo flexível, ágil, dançante do narrador passa veloz pelas frases curtas e rápidas que compõem a narrativa. A agilidade lembra a linguagem dos contos de Dashiell Hammett, e sobretudo a narrativa febril de James Cain. Um dos aspectos mais visíveis nesse sentido é o procedimento da presentificação do tempo narrativo, enunciado e enunciação estreitando-se no ritmo veloz das ações: esse efeito era buscado nos livros anteriores através da rubrica dramática inserida na narração; agora, uma traumática voz lírico-narrativa sofre as interferências das ações dos protagonistas, criando uma situação bastante tensa, pois ao receber a imagem das ruas, trai o tom de perplexidade das descobertas sucessivas. Existirá caso mais exemplar do que a situação de "Desempenho"?

Quando se comenta o modo cinematográfico do autor, quem não se lembra, dentre seus leitores, da abertura de *O Caso Morel*, em que os créditos do livro se incluem no corpo da narrativa, da mesma forma que ocorre comumente num filme: é uma das páginas de rosto mais valorizadas na literatura brasileira... Para ilustrar sua filiação ao cinema, retiro uma citação do romance *Bufo & Spallanzani*, em que a labilidade narrativa cria o movimento das imagens, a atmosfera de *film noir*: é o momento em que um policial descreve ao delegado Guedes como prendeu um suposto assassino:

"Você deu algum aperto no Agenor para ele confessar que matou aquela dona?"

"Não encostei a mão nele. Sou contra isso."

Ribas contou como fora a prisão. Ele, com outro colega, fazia a ronda num camburão, em Benfica, quando uma mulher parou o carro e disse que um homem estava assaltando uma padaria na rua Prefeito Olímpio de Mello. Eram sete horas da noite. Demoramos um pouco a chegar, por burrice do nosso motorista, mas por sorte nossa o homem ainda estava lá, apontando o revólver para o portuga da caixa. Quando nos viu [...][24].

A passagem da terceira para a primeira pessoa desliza de forma dissolvente na leitura, como uma imagem fundindo-se em outra.

A velocidade da linguagem apanha um sentimento desesperado com o qual seus personagens mergulham na realidade: nada há ali que se pareça com contenção ou estabilidade: família, amigos, religião, emprego, rotina, tudo que lembre a vida cotidiana e anti-heróica de classe média é desconhecido por eles. Aquilo que querem fazer, fazem até as últimas conseqüências: querem dormir com todas as mulheres, ler todos os livros e cometer todas as transgressões. A vida tem de ser sempre um lance decisivo: "Wexler costumava dizer que eu era um obsessivo compulsivo", diz o personagem Mandrake em *A Grande Arte*, mas poderia ser dito por qualquer outro personagem do autor; a visão do narrador de Rubem Fonseca, nesse momento, é a de que só o que for obsessivo é verdadeiro. O Mandrake de *A Grande Arte* diz também: "Uma epígrafe: 'Quem tem apenas um momento de vida não tem mais nada a dissimular.'"[25]; seu herói vive como se o dia que está terminando fosse o último: e por ser radical assim, os temas, a linguagem, os personagens, as aventuras fascinam tanto seus leitores.

A trama de diferentes níveis sociais é responsável por um estilo surpreendente, que mescla de forma maleável o baixo e o alto, trançando vários registros da fala, passando com muita liberdade da linguagem culta para a coloquial, de um gíria profissional a outra. Ao trazer para os contos os diversos grupos da

24. *Bufo & Spallanzani*, pp. 227-228.
25. *A Grande Arte*, pp. 88 e 41.

SANGUE E VINIL NA CIDADE

sociedade carioca, que se expressam de diferentes maneiras e convivem nos textos, as formas de expressão mais inesperadas aparecem na boca dos personagens. O narrador de seus contos é um conversador maleável, que se movimenta muito à vontade nas diversas situações de linguagem: o procedimento da mescla está até mesmo no reaproveitamento de cartas, documentos, manuscritos etc. Wendel Santos diz que Fonseca "revitaliza o velho processo da epistolografia", referindo-se ao conto "Lúcia Mc-Cartney".[26] Na verdade, não há um livro de contos em que não haja alguns desses antigos motivos da literatura.

Fonseca não é um miniaturista como Dalton Trevisan, nem seu conto é geométrico como o de Osman Lins. Ocorre uma situação curiosa em seu estilo: há nele uma obsessão em conhecer a vida das ruas, a intensidade das paixões, de tal modo que se poderia usar para seus contos a velha expressão da literatura realista: são pedaços de vida. A solidão, por exemplo, é tratada de maneira pletórica, com personagens carregados de motivos e desejos; e se não falam entre si, mostram-se avidamente para os leitores. Acontece que também a literatura é forma de conhecer a vida: os personagens têm sempre um exemplo literário na imaginação que os ajuda a desvendar o real. Ora, isso cria a situação curiosa a que me referi, de grande efeito: por um lado, um "erudito" que trabalha intelectualmente seus contos e mostra o laboratório ao leitor; por outro, um impressionante sentido de realidade, de situação cotidiana iluminada pelas ilusões que movem os personagens mais desamparados e prontos à derrota.

O efeito sintético do conjunto desconcerta a crítica, que não sabe com muita clareza definir a fisionomia do estilo: fala em paródia, em refinamento, porque sente o traço do artista; mas

26. Wendel Santos, "O Destino da Prosa. O Vigor do Conto em Rubem Fonseca", *Os Três Reais da Ficção*, Petrópolis, Vozes, 1978, p. 112.

fala também em despojamento, porque pulsa na frase o movimento do desejo. "Quase aliterário, Rubem Fonseca consegue aproximar-se da verdade sem adornos, tocá-la e exprimi-la em sua manifestação mais desataviada", diz um crítico. "Rubem Fonseca, sem comprometer o gênero, encontra fórmulas novas – ou repensa as antigas – transmitindo-nos uma impressão de grande naturalidade", diz outro crítico.[27]

Outro traço grotesco

Como tratar então a um estilo que se quer elevado e, ao mesmo tempo, carregado de imagens fortes da vida cotidiana? Esse procedimento, ligado à maneira de representar, pode ser chamado de "grotesco-sensualista", emprestando a expressão de Erich Auerbach. Em sua história do realismo na literatura do Ocidente, Auerbach fala do estilo grotesco e sensualista do historiador romano Amiano Marcelino, que viveu e escreveu no século IV d.C. As palavras que o crítico alemão utiliza para descrever o estilo de Amiano podem – de algum modo e guardando-se as devidas distâncias – ser emprestadas para o propósito deste ensaio. Ocorre que Amiano descreve um império em decomposição, cujas ruínas são conservadas desesperadamente sob todas as formas de repressão: tortura, mutilações, enforcamentos, degolas etc. Esse universo moral retalhado a golpes de espada implica o estilo "sensualista", em que as formas estão vazias de sentimento humano; e, ao mesmo tempo, os traços "grotescos", já que essas formas sofrem as violências e deformações próprias de

---

27. A primeira citação é de Hélio Pólvora, "Rubem Fonseca", *A Força da Ficção*, Petrópolis, Vozes, 1971, p. 43; a segunda, de Hudinilson Urbano, *A Elaboração da Realidade Lingüística em Rubem Fonseca*, São Paulo, FFLCH-USP, 1985, p. 169.

um regime em agonia.[28] Em Fonseca, parece haver uma atitude semelhante diante de um mundo prestes a destruir-se, pois o livro "apocalíptico" de que estamos tratando foi publicado num momento de repressão vivido pela sociedade em âmbito amplo. A visão do autor frente ao mundo alienado e consumista cria igualmente esse estilo que é, por um lado, sensualista e, por outro, deformador. Já foi observada sua preferência pela descrição não só de corpos humanos, mas de tudo o que seja plasticamente atrativo ao olhar, o que dá um aspecto peculiar ao estilo, pois ele não se compraz em descrever, mas sim em fruir a imagem sensualizada. Note o leitor como na citação abaixo, retirada do conto "Meu Interlocutor:", do mesmo *Lúcia McCartney*, essa forma grotesco-sensualista insufla realidade ao corpo descrito, tornando-o ao mesmo tempo repulsivo e atraente:

"A carne das pernas dela", vou dizendo com raiva, enquanto amarro, com força, duas outras gravatas, também de seda pura, sobre sua boca, "a carne das pernas dela perdera a integridade, a unidade, tinha cores, e tecidos, diferentes: como se pedaços de carne de origem vária tivessem sido amontoados e montados em forma de perna, qual um quebra-cabeça; manchas escuras espalhavam-se pelos seus membros inferiores, talvez marcas de pontapés. Contudo a perna se mantinha com forma de perna, da mesma maneira que uma lingüiça se mantém em forma de lingüiça, apesar da descontinuidade e da autonomia das carnes que a recheiam. O que fazia isso acontecer, isso da perna de mil carnes espúrias manter, como abelhas voando, a sua formação? Não era tripa de porco envolvendo-a, a pele era fina; nem era mocidade, que é o que gruda a carne no osso como cimento no tijolo, pois mocidade ela não tinha. O que era?, o que era?, o que era?"[29]

28. Erich Auerbach, "A Prisão de Petrus Valvomeres", *Mimesis*, trad. George Bernard Sperber, São Paulo, Perspectiva, 1971, pp. 43-65.
29. *Lúcia McCartney*, pp. 117-118.

Auerbach observa, contudo, que um estilo como aquele tende a ser elevado, mesmo quando descreve o baixo; ou seja, ocorre uma combinação de "retórica e realismo". Se tomássemos isso ao pé da letra, porém, estaríamos negando no caso de nosso autor a mescla entre o alto e o baixo que realmente existe; ou seja, não falta a ele o "espiritual e familiarmente humano", que o crítico observa ausente do erotismo em autores afins.[30] De qualquer modo, em Rubem Fonseca a realidade degradada ou não, mas enfim a realidade cotidiana, sofre muitas vezes um impulso para cima, uma tentativa de encontrar em seu seio aquilo que dê ao narrador, um intelectual sensualista, a fruição da grande arte:

"Você gosta do meu corpo?", ela me perguntou.

"Em Roma", eu disse, "existe um lugar chamado capela Sistina. Ali existe um afresco monumental pintado por Miguel Ângelo".

"Miguel Ângelo — eu sei quem é", disse Joan.

"Pois um dia eu fui lá", continuei, "e fiquei um tempo enorme olhando para o teto até o meu pescoço doer. Um tempo enorme e no entanto alguma coisa se escondia de mim, alguma coisa estava fechada entre mim e o teto. Eu sabia tudo sobre o teto, tinha toda a informação mas nenhuma revelação acontecia, entendeu? Foi quando despregando os olhos do teto vi uma mulher a pouca distância de mim. Seu corpo era perfeito, ela era linda e ao vê-la o teto e os mosaicos, os afrescos, o marfim, o bronze, o mármore, o ouro, o tempo, tudo adquiriu significado pois essas coisas *eram* aquela desconhecida, um corpo humano vivo a caminho da galáxia. Assim, minha bem amada Joan Stimson, respondo à sua pergunta dizendo que sim, que amo o seu corpo, e apenas o seu corpo e nada mais que o seu corpo. Agora vamos para a cama pois tenho que escrever uma carta depois".

---

30. As expressões encontram-se à p. 52 da edição citada.

O corpo de Joan Stimson era feito de um alabastro que filtrava a luz vermelha do seu sangue como o do altar de São Pedro; cada dente seu era uma pequena obra prima de marfim[31].

A consciência que está por trás das imagens, mesclando o alto e o baixo de forma elevada, cria um texto em que o movimento impulsivo, caótico, híbrido seja concretizado por uma linguagem clara e precisa, e, ainda que repleta de traços fortes, de um realismo límpido. O *excessivo* não se perde em verborragia, devido à elaboração pensada do estilo, que evita a dissolução comum em escritores semelhantes, normalmente tematizando o erotismo; de certa forma, podemos dizer que uma matéria patética recebe um tratamento "literário", responsável por certa angústia do narrador, que possui muitas vezes uma referência culta separando olhar e gesto. E por isso o grotesco lhe cai tão bem: dentro da ordem, inquietante, pulsa o desejo da transgressão.

---

31. *Lúcia McCartney*, pp. 165-166.

4

O Preço das Palavras

> *Peçanha tirou a caixa de mata-ratos da gaveta e me ofereceu um. Ficamos fumando e conversando sobre a Grande Mentira.*
>
> Feliz Ano Novo

Em 1975, Rubem Fonseca publica seu livro mais polêmico: *Feliz Ano Novo*. O adjetivo não se refere unicamente ao estardalhaço causado pela censura, que, da mesma forma ocorrida com várias obras no período, não só literárias, deu-lhe uma fortuna crítica bem maior do que a reservada a outros livros do autor. Vai por conta também do tom que abre e fecha o livro, de polêmica, reivindicação e acusação. É aquele em que mais sentimos a *presença* do autor, em que há uma fala que procura transitar diretamente para o leitor, instigá-lo à ação.

O tom de perplexidade do livro anterior é trocado por outro, contundente, agressivo, irônico, uma consciência que não se confina ao espaço ficcional e parece dizer a todo momento ao leitor – como o jornalista de "Corações Solitários" para sua leitora -: "Te vira". A essa altura da obra, percebemos que o narrador de Fonseca recupera – mesmo no espaço urbano degradado, e cujo modo de viver é ditado pela televisão – muito da sabedoria que caracteriza a existência do narrador. O conselho é por vezes direto, e soa um tanto cômico, um tanto sábio. Esse aspecto vai além do livro de 1975 e se estende por toda a obra: é uma tendência ao dito sentencioso, que se torna bastante insólito pela gama de tons que as frases possuem. Há, por exemplo, a sabedoria prática da vida, que pode ser vista na habilidade demonstrada pelo narrador em várias áreas profissionais: isso vem com o termo correto, respeitando sempre o vocabulário específico e o comportamento particular a cada uma dessas áreas; o caso das facas em *A Grande Arte* é conhecidíssimo. Mas há também as notações de ordem geral, que demonstram muita segurança desse narrador, conhecimentos úteis, sem qualquer impostura de análise psicológica: "Carlos Alberto estava naquela missão comigo. Sentamos num bar e bebemos cerveja. A cerveja do Pará não era ruim. Em qualquer lugar do mundo pode-se tomar cerveja sem susto."; "Acordava às cinco da manhã e ficava ouvindo rádio, para me familiarizar com as coisas locais."

Às vezes, o conselho e a observação ficam entre o sério e o jocoso: "Todo homem deve saber nadar e lutar boxe."; "Os técnicos só valem enquanto vivos."; "E chegaram os coroas cujo objetivo é queimar a banha da barriga, o que é muito difícil, e, depois de certo ponto, impossível." São momentos em que a frase se destaca do fluxo narrativo e carreia para a experiência um presente duradouro; sempre, o que se tem, é um tom determinista que, do mais concreto e brutal, eleva-se em verdade desconcertante para o leitor, pelo inusitado da experiência: "Os cinco minutos mais longos da vida são passados num ringue de valetudo."; "Rubão se desvia, me segura entre as pernas, me joga fora do ringue [...] o juiz está contando [...] há sempre um juiz contando."; "Depois chegou um que queria ficar forte para bater nos outros, mas esse não ia bater em ninguém, pois um dia foi chamado para uma decisão e medrou."[1]

---

1. Os exemplos acima são tirados ao acaso de momentos diversos da obra do autor.

O PREÇO DAS PALAVRAS

Voltando a *Feliz Ano Novo*: de todos, é o livro da malandragem, da picardia, o que mais se aproxima do tom picaresco que reapareceu em vários autores dos anos de 70.[2] A contundência do livro implica necessariamente mudança de linguagem e comportamento do narrador imerso na cidade; também a imagem da cidade já não é a mesma. E como se modificou essa imagem?

Se em *Lúcia McCartney* havia a "descoberta" do "mundo grande", ocorre agora mais abertamente o reconhecimento da realidade brasileira. A mudança de tom e de espaço do livro anterior para *Feliz Ano Novo* está no fato de que este último traz o registro de cenas e episódios de caráter jornalístico, com nomes e situações mais próximas até mesmo na localização geográfica; há um jeito de crônica que não se via no sombrio livro anterior. Lá, aparecia o Rio de Janeiro, mas a cidade de "*** (Asteriscos)" era qualquer cidade; aqui, a cidade é o Rio de Janeiro, o ano é 1970 e o mês é abril. Antes, a derrota tinha a dimensão do apocalipse; agora, é o jogador de várzea sentindo o peso da derrota no jogo de domingo, só que uma derrota – ainda que não saiba – para toda a vida: "Fui andando, passei por um monte de lixo, tive vontade de jogar ali a maleta com o uniforme. Mas não joguei. Apertei a maleta de encontro ao peito, senti as travas da chuteira e fui caminhando assim, lentamente, sem querer voltar, sem saber para onde ir."[3]

Pode-se dizer que entre os dois livros há uma mudança de "realismo": no primeiro, os procedimentos todos buscavam estancar a linguagem até então fluente da obra, pois defrontavam-se com um mundo que já não acreditava no lirismo; a narração sofria um trauma que desarticulava por completo a seqüência rítmica da frase e da composição do enredo. É certo que o de-

2. Cf. Mario González, *O Romance Picaresco*, São Paulo, Ática, 1988, p. 73.
3. *Feliz Ano Novo*, p. 40.

137

sarranjo da linguagem é uma tentativa de se aproximar do fato, do gesto, comum a autores do período, todos eles fazendo do texto um ritual erótico e/ou violento. É um não-discurso que mostra a impaciência do corpo, que não aceita a linguagem ser sempre meio, ponte, perda, passagem, artifício, e quer, como nesse exemplo de *A Coleira do Cão*, que o corpo cresça na frase: "mas aí eu já era grande, doze? treze? Já era homem. Um homem. Homem..."[4]

A linguagem recriada a partir de cacos de linguagem é intencional, e tão *procedimento* quanto qualquer outra. Ou seja, denuncia a narrativa como construção ficcional, e o escritor tem consciência de que é assim. Se rompe com formas de narrar desgastadas, não o faz para criar a ilusão de que aquilo que escreve seja expressão direta da vida: mais coerente, nesse caso, seria tentar eliminar a distância através da escrita automática; é para criar conscientemente uma nova forma de ilusão. Tome-se o exemplo da abertura de *O Caso Morel*: o artifício ali empregado é ostensivo; aquilo que seria comum no cinema – isto é, os créditos inseridos no filme – torna-se na literatura um procedimento insólito, e que portanto se mostra como tal. Em casos como esse, o autor revigora a ficcionalidade, o que busca dar ao leitor um novo sentimento de realidade, mesmo este sabendo estar diante de uma obra de ficção.

De qualquer forma, essa poética da ruptura não continua em *Feliz Ano Novo*, ao menos desse modo. Começa, a partir daí, a recomposição de uma linguagem narrativa que já não tem mais a atmosfera difusa dos primeiros livros, nem a desarticulação dos contos de *Lúcia McCartney*; recompõe-se frase a frase em encadeamento narrativo, ainda demonstrando certa vacilação que compromete o equilíbrio do livro; pois um conto como "Entre-

4. *A Coleira do Cão*, p. 20.

vista" não conseguiu refazer-se daquela cena pouco desenvolvida que aparecia em vários momentos do livro de 1969.

Se o precário em *Lúcia McCartney* tende para o visual, para o estilo sincopado e mecanizado, em *Feliz Ano Novo* tenderá para a linguagem jornalística, rearticulando a sintaxe não com a pretensão de querer ser ficcionalmente compacta, o que num contexto de cinismo e censura correria o risco da ingenuidade: a paródia e a metalinguagem deixam entrever as brechas. E por ser jornalística, fala sobre o crime de ontem, com data marcada: abril, no Rio; porque, agora, quem se impacienta não é o corpo, e sim o pensamento.

Se Fonseca persistisse no caminho de *Lúcia McCartney*, seria necessário um grau enorme de invenção formal para que a obra não caísse no círculo repetitivo dos efeitos de estilo. O caminho mais fértil para o autor mostrou-se mesmo o da recuperação do fluxo narrativo, só que muito mais trabalhado do ponto de vista da paródia e da recriação. Entretanto, ele precisa antes beirar o limite de um realismo terra-a-terra, em que a poética deixa de ser precária, nos termos do livro anterior, para ser concisa, outra forma de revigorá-la enquanto ficcionalidade: "Durante dois dias Amadeu Santos, português, viúvo, biscateiro, rondou o depósito de garrafas de Joaquim Gonçalves, sem coragem de entrar. Mas naquele dia chovia muito e Amadeu estava cansado, com a perna doendo do reumatismo. Além disso a bronquite crônica fazia-o tossir sem parar."[5] É o início de "O Pedido", um conto patético e, no entanto, narrado por uma voz impessoal, mas poética, que dá a cada palavra peso e precisão; uma linguagem como a lágrima do personagem Amadeu, "feita quase somente de sal".[6]

5. *Feliz Ano Novo*, p. 87.
6. *Feliz Ano Novo*, p. 90.

Veja-se um outro exemplo do mesmo conto: em sentido contrário ao caminho tomado com *Lúcia McCartney*, ele volta a um modo narrativo bastante tradicional, um conto de um realismo quase didático: "Preciso dizer alguma coisa boa para ele, pensou Amadeu, até agora só contei as minhas desgraças e pedi dinheiro."[7] Essa simplicidade de linguagem pode ser vista como um passo em direção à situação econômica do personagem, um modo de narrador e personagem se aproximarem. Uma das tendências de *Feliz Ano Novo* é justamente essa tentativa de aproximação, que contrasta com o modo bastante intelectualizado do livro anterior. E não quer dizer que a simplicidade retire força ao conto: "Abril, no Rio, em 1970" é melhor do que vários contos de *Lúcia McCartney*.

Por tudo isso, é o livro que mais se aproxima de outra tendência da ficção dos anos de 70: a "literatura-verdade". E um dos aspectos que determinam essa mudança de atitude é a entrada bem maior da marginalidade no cotidiano da classe média, no momento em que a ditadura das decisões econômicas atingia um nível altíssimo de espoliação. Sobre essa questão em *Feliz Ano Novo*, diz a crítica:

> A crônica policial restrita, nas décadas anteriores, à marginalidade "tradicional" (favelas, bairros periféricos) começa a registrar um novo tipo de marginal: Lúcio Flávio, morador na Tijuca, curso colegial completo, filho de funcionário público, não é um fenômeno isolado; é o início de um fato novo, intimamente ligado a este contexto[8].

A linguagem rearticulada, o humor, o registro jornalístico, a atmosfera de certo modo menos sufocante dão ao livro de 1975

---

7. *Feliz Ano Novo*, p. 89.
8. Gilda Salem Szklo, "A Violência em Feliz Ano Novo", *Tempo Brasileiro*, Rio de Janeiro, ago.-out. 1979, n. 58, p. 94.

um inesperado impulso de recomeço. O jogo solto da mordacidade encontra-se na voz de vários personagens, como o jornalista de "Corações Solitários", por exemplo. Mas reaparece principalmente no personagem que começa a ganhar identidade definitiva na obra de Fonseca: Mandrake. Como disse em capítulo anterior, Mandrake é um duplo do herói de Chandler, Philip Marlowe; entretanto, seria um pastiche desse detetive, caso fosse tomado sem qualquer recriação, fato que se deu em outros momentos de nossa incipiente narrativa policial.[9]

Com Mandrake não é assim: ele saiu das histórias em quadrinhos, gênero que sempre namorou com as narrativas policiais, mas também do cinema e dos livros; sua origem está no imaginário anterior à mesmice vazia da indústria cultural de hoje, que se resume a violência como "Fantasia Oferecida às Massas pela Televisão".[10] Quando, em "O Caso de F. A.", Mandrake faz a confissão de amor à cidade, é uma certidão de sua identidade urbana.

Seu nome, etimologicamente, traz o traço mais marcante de sua figura: a obsessão erótica.[11] Sexualidade, "magia" e humor fazem que ele se ligue à longa tradição do malandro brasileiro, que já se chamou Leonardo, no Rio de Janeiro antigo; depois Macunaíma, na São Paulo moderna, e que volta no final dos anos de 50 na figura do gigolô de Marcos Rey, e em diversos neopícaros surgidos nas décadas seguintes, conforme citado. Se pensamos nos casos mencionados, vemos que em Mandrake se aliam duas vertentes que estão em todos eles: um certo primiti-

---

9. Ver Paulo de Medeiros e Albuquerque, *O Mundo Emocionante do Romance Policial*, Rio de Janeiro, Francisco Alves, 1979.
10. *Feliz Ano Novo*, p. 142.
11. A origem de *mandrake* parece estar em *mandrágora*, planta à qual estão associadas qualidades afrodisíacas e tabagistas, duas obsessões do personagem.

vismo, que se traduz em impulso erótico irrefreável, e o registro de degradação da cidade, onde prazer e violência convivem enlaçados, o que resulta em ambigüidade ideológica do personagem, sempre pronto a estar em outros lugares, fugindo ou perseguindo. A despeito da vinculação com modelos estrangeiros, Mandrake é também "nosso herói".

É o mais moderno dos malandros brasileiros, pois vive cercado pelos signos da internacionalização e massificação da cultura. E como os outros, é um homem imerso nos prazeres e problemas da cidade, atento a todos os meandros onde se gesta a violência e a exploração, o "hílare esrir" de uma sociedade bizarra. "Quem pensa que advogado trabalha com a cabeça está enganado, advogado trabalha com os pés", diz ele em *Lúcia McCartney*:[12] e isso o torna, a contragosto ou não, um cronista errante da cidade.[13]

Na verdade, há na obra de Fonseca essa preocupação em retratar os humilhados e ofendidos, de cujo espaço estão ausentes os grupos organizados. Há um alto grau de denúncia, mas há também muita indiferença ou descrença por todos os setores que possam organizar-se; e isso se torna complicado quando se quer tomar a marginalidade como expressão mais ampla. Tem-se a impressão de que seus personagens vivem todos nos subterrâneos famintos da cidade, e que para conhecê-los é preciso conviver com eles, averiguar no local, na melhor lição do naturalismo. Formam os contos uma realidade tão multifacetada e compósita que a impressão que fica da leitura é a de um grande corpo formado de inúmeros corpos informes, diferentes e divergentes. Na

12. *Lúcia McCartney*, p. 88.
13. O aspecto de crônica que se depreende da obra do autor pode tornar interessante uma aproximação com o cronista João do Rio, este descrevendo a pobreza da periferia carioca na *belle-époque*.

tradição do folhetim, poderiam ser quadros de uma única obra que se chamaria Os Mistérios do Rio de Janeiro.

O duplo

Há uma progressão na obra de Fonseca que vai do personagem introvertido para o personagem que desafia as interdições da realidade ao seu impulso de vida. Mas ele está sempre, de alguma forma, à margem da sociedade, e por isso sua ação também se perde nessa marginalidade. Conforme a obra avança e se torna mais agressiva a posição do narrador, vai se configurando com maior clareza a figura de um duplo, expressão de suas contradições.

No segundo livro do autor, *A Coleira do Cão*, a figura do duplo aparecia em todos os contos, a fim de relativizar um ponto de vista que não queria situar-se unicamente na posição do personagem central; mas lá a questão era muitas vezes de comportamento diante da mulher, ou então de duplicidade do corpo, de conflito entre inocência e experiência etc. Em *Feliz Ano Novo*, o duplo encarna claramente a crise da mentalidade narradora às voltas, por um lado, com um posicionamento ideológico e, por outro, com a realização de um desejo que cobra seu preço.

O duplo é um dos mais fecundos temas que os românticos legaram à literatura moderna; através de espelhos, sombras, sósias, bonecas, autômatos, homens de cera, sonhos, visões, cadáveres e tantos outros motivos geralmente grotescos, os românticos souberam expressar a angústia do homem dilacerado que se defrontava, de repente, com a semelhança, o que era também um prenúncio de morte. A despeito das várias possibilidades de qualificação desse duplo, a oposição que interessa ressaltar agora, a mais evidente nos contos de Fonseca, é a distância econômica e social dos personagens, geralmente ocupando lugares extremos. Tal situação aparece ostensiva em vários textos: está no primeiro e no último conto de *A Coleira do Cão*, assim como nos dois últimos de *Lúcia McCartney*. Entretanto, em *Feliz Ano Novo* há um que tematiza em preto-e-branco a questão, cujo título não poderia ser mais explícito: "O Outro".[14]

Um alto funcionário vai todo dia de casa para o trabalho e do trabalho para casa; cada dia trabalhando mais e ainda assim com a incômoda sensação de inutilidade. Um dia, ao chegar ao escritório, é abordado por um corpulento pedinte que deseja dinheiro. O executivo lhe dá e segue caminho; mais tarde, no escritório, tem seu primeiro acesso de taquicardia. No outro dia, o pedinte volta a aparecer e a pedir mais dinheiro para a mãe doente; o executivo continua a sentir as crises do coração. Numa outra vez, o pedinte suplica dinheiro a ser utilizado para enterrar a mãe que falecera. O homem dá o dinheiro e tira férias forçadas devido à doença. Mas o miserável não pára com as abordagens e então, um dia, já desesperado com as perseguições, o executivo entra em casa, apanha um revólver e liquida seu incômodo opressor. O pedinte cai ao chão, e o sangue que cobre sua face não tinge a brancura do rosto de menino.

Como o autor trabalha a relação entre os opostos, a partir do problema econômico? A primeira observação refere-se ao fato de que há uma ligação íntima, a um tempo familiar e estranha, entre o Eu e seu Duplo, manifestando-se normalmente através de um fato alheio ao caso. Assim, no mesmo dia acontecem ao narrador dois incidentes aparentemente desvinculados um do ou-

---

14. *Feliz Ano Novo*, pp. 67-72. Sobre o livro *Feliz Ano Novo*, ver Deonísio da Silva, *O Caso Rubem Fonseca*, Porto Alegre, Alfa-Ômega, 1983; especificamente sobre o conto mencionado, ver Julia Marchetti Polinesio, "O Realismo Feroz: Rubem Fonseca", *O Conto e as Classes Subalternas*, São Paulo, FFLCH-USP, 1985, pp. 103-123.

tro: de manhã, é abordado por um mendigo; mais tarde, sofre um ataque de taquicardia. Ao consultar o médico sobre o problema, este o aconselha a mudar de vida; o narrador acha graça. Achar graça, e portanto rir, é um evidente mecanismo de defesa do inconsciente que tenta sufocar o problema. O médico o aconselha então a caminhar duas vezes ao dia. Tanto mudar de vida quanto caminhar, de alguma forma é ir ao encontro do Outro, à medida que o narrador é obrigado a freqüentar o seu espaço. No início do conto, ele vai de casa ao trabalho e vice-versa, dando apenas alguns passos até entrar no edifício. Agora, vê-se obrigado a caminhar, e caminhar é ir ao encontro, já que a rua é o espaço da alteridade.

A presença do estranho vai crescendo de intensidade e perigo, à mesma proporção que crescem as doações em dinheiro. A princípio, é apenas um "sujeito"; depois, "um homem branco, forte, de cabelos castanhos compridos"; depois, o narrador vê bem como era seu rosto, "cínico e vingativo"; e por fim se dá conta de que "ele era mais alto do que eu, forte e ameaçador". À medida que o estranho cresce em tamanho e o perigo se intensifica, o narrador tenta apaziguar a consciência através do dinheiro: primeiro, ele dá "uns trocados"; depois, "algum dinheiro"; depois, "cem cruzeiros", "cinco mil" e finalmente "não sei quanto". A relação estranha entre os dois personagens, capaz de gerar atitudes contraditórias, transparece em mais dois momentos: no primeiro, quando ao dar uma soma elevada ao pedinte, o narrador diz: "Não sei porque, tirei um talão de cheques do bolso e fiz ali, em pé na rua, um cheque naquela quantia"; no segundo, ao perguntar-se indignado: "que culpa eu tinha de ele ser pobre?". Na última frase, ressoa uma voz que não é a do narrador, mas sim de uma consciência que está acima dele, o que torna a frase claramente irônica.

Mas há outros índices de aproximação entre os dois personagens: quando o narrador sugere, com toda a autoridade que consegue colocar na voz, que o outro arranje um emprego, este responde que não sabe fazer nada. Na frase, transparece uma lembrança daquela sensação de inutilidade que o narrador, cada vez mais ocupado, dizia sentir sempre. Curioso que, momentos antes de o narrador tentar colocar autoridade na voz, ele diz que parecia estar sendo "perseguido por alguém, um sentimento infantil de medo contra o qual tentei lutar", com as carreiras tornando-se cada vez mais rápidas, buscando sempre fugir. O conflito entre inocência e culpa já transparece aqui, pois enquanto tenta colocar "autoridade" na voz, surge no narrador um sentimento "infantil" de medo. E o problema exterioriza-se, à medida que ele tem a impressão de que "as pessoas nos observavam com estranheza".

O desfecho do conto tem um caráter fantasmagórico: o perseguidor vai se metamorfoseando, o que lembra as narrativas que misturam magia e realidade ao tratar do tema, como aquelas de Poe, Hoffmann e outros. O personagem é um mendigo que assusta, uma espécie de lêmures, outro modo de manifestar-se a figura grotesca.[15] Na cena final, quando o narrador é acossado em sua própria casa, assassina o adversário, como única saída possível; quando o outro cai ao chão, ele percebe que "era um menino franzino, de espinhas no rosto, e de uma palidez tão grande que nem mesmo o sangue, que foi cobrindo a sua face, conseguia esconder". A morte é tentativa desesperada de anular o conflito, mas é também o momento da revelação, pois aquilo que era cada vez mais ameaçador era igualmente o mais indefeso.

Nas abordagens corpo-a-corpo do pedinte, em que o narrador e o estranho põem-se lado a lado, bem como na cena final do assassinato como recurso extremo, não é difícil lembrar-se de um dos mais conhecidos contos a respeito do tema: "William

15. Cf. Wolfgang Kayser, O Grotesco, ed. cit., p. 49.

Wilson", de Edgar Allan Poe. No conto de Poe, a relação de identidade entre o sósia e a consciência já está indicada de saída, na epígrafe do conto: "Que dirá ela? Que dirá a terrível *consciência*, esse espectro no meu caminho?". O procedimento inverso de ver no mais indefeso o inimigo atroz fala, também inversamente, da inocência perdida de um narrador que se sabe historicamente responsável pela existência do outro, o que torna possível ler o conto como uma espécie de alegoria da condição de classe. A morte aponta para a impossibilidade de convivência dos dois personagens, uma solução extrema em acordo com a extrema distância econômica entre os segmentos sociais na obra de Fonseca: ora a presença do marginal e do delegado; ora a dos subempregados e dos altos funcionários. Para a consciência que está acima dos dois casos, cria-se a necessidade de uma saída, a "mudança de vida" possível: a possibilidade de transitar e transgredir, a marginalidade crítica e/ou culpada do escritor e do bandido.

O prazer e a ordem

A marginalidade, portanto, é a situação escolhida pelo narrador de Rubem Fonseca para viver a contradição de opostos tão distantes. Essa observação está em acordo com a poética asseverada no conto "Intestino Grosso", que a crítica mencionou mais de uma vez: "Como não havia verdade no Êxtase nem no Poder, fiquei entre escritor e bandido."[16]

Mas essa deliberação não é nada simples nem tranqüila: "ficar escritor" é compreensível; "ficar bandido" é um pouco mais complicado de se entender. Não há dúvida de que a figura do escritor – ou artista – é muito recorrente na obra de Fonseca, vivendo sempre uma forma de transgressão e, portanto, de mar-

16. *Feliz Ano Novo*, p. 136.

ginalidade: basta lembrar de "Pierrô da Caverna", conto de *O Cobrador*. Contudo, a situação "marginal" do escritor é bem diferente da marginalidade do bandido, já que a do escritor, pelo menos em seus contos, se caracteriza sobretudo pela transgressão do prazer; a do bandido, pela violência contra os outros e contra si mesmo. Ora, a posição do intelectual que busca obsessivamente o prazer não elimina a consciência de uma injustiça que ele não sofre na pele.

O duplo está presente em toda a obra de Fonseca, mas vai crescendo de intensidade quanto mais se exacerba a representação da miséria e da sexualidade. É como se aquele personagem tímido do início da obra se deixasse engolir pelas práticas do prazer transgressor e necessitasse de uma referência "ética", num tempo e numa cidade em que vale tudo para sobreviver. Mas a consciência incomodada do intelectual manifesta-se não exatamente no duplo do escritor e do bandido: é necessário um duplo que responda de forma possível a essa contradição. Ou seja, não um transgressor da ordem – o bandido – cujos problemas não são exatamente os mesmos do intelectual; mas uma figura que anule a obsessão do prazer: a ordem encarnada do comissário de polícia, interditor dos instintos transgressores, altruísta ao extremo, de uma retidão inverossímil. Observem-se os exemplos de *O Caso Morel* e *Bufo & Spallanzani*: nos dois romances os pares são bastante semelhantes: há o intelectual sensualista e voltado para o prazer sem limite: Morel ou Gustavo Flávio; e há o homem que é só responsabilidade civil, senhor de uma "moral" rigorosa e inflexível: Vilela ou Guedes.

A mudança que vai ocorrendo com o narrador na obra de Fonseca, de livro a livro, atinge também seu conto policial. De "A Coleira do Cão" para "O Cobrador" há um abismo: o primeiro é a visão do policial, visto indisfarçadamente de maneira elevada; o segundo, a visão do marginal, justificado de forma contundente pelo autor implícito, o que fez que uma grande parte dos leitores visse Fonseca unicamente como um escritor policial.

Entretanto, ao lado dessa mudança de ponto de vista persiste a visão do policial íntegro até o fim da obra. Basta ver, por exemplo, "Manhã de Sol", do livro *Lúcia McCartney*; ou então "Livro de Ocorrências", de *O Cobrador*. Ele está também em *Bufo & Spallanzani*, como ficou dito, na figura de Guedes, e reaparece em *Agosto*, na pele do personagem Mattos, sempre com uma integridade de caráter exemplar. Nos romances, tal personagem não tem mostrado a mesma verossimilhança que mostrava nos contos, pois a presença mais extensa que o gênero exige acabou enrijecendo-o demais, numa visão idealista da justiça que o torna quase caricato.

A duplicidade entre a situação do intelectual e a do marginal deixa perceber diferentes motivações para a violência que há na obra: no caso do marginal, compreende-se sua existência como resposta a uma violência maior; mas no caso do intelectual, ela tem de ser relativizada, caso se queira ver a mesma natureza de reivindicação. Aí surge um gozo estético da violência, pois o narrador não se compraz em descrever – como foi dito anteriormente – mas sim em fruir a imagem sensualizada, com requinte de descrição e certo sadismo: observe-se o exemplo seguinte, em que a violência tem raízes também na sexualidade:

Fiquei bebendo cerveja e depois fui para a cama. Quando Elisa ficar velha ela vai sofrer muito, pensei com satisfação. Resolvi saborear a minha longa vingança: a Grande Dama envelhecendo, as pernas afinando, enquanto aumentava a rotunda flacidez abdominal; Elisa perde o equilíbrio e desaba na rua de pernas para o ar; vejo cair o cabelo ralo e seco pelo uso da tintura e surgirem rugas, queixo duplo, sebo nos seios, olhos empapuçados, burrice, medo, rancor, inveja, desespero, mesquinhez, mofo no hálito; ovário avariado; a enfermeira tira a dentadura de

Elisa com medo de que ela a engula, na infecta cama do hospital de velhos; a catarata não a deixa mais ver os antigos retratos gloriosos; a memória de Elisa dói de maneira insuportável e ela sente frio nos pés. Dormi satisfeito[17].

Essa violência semeada pela sexualidade está em vários contos de *Feliz Ano Novo*, como por exemplo "Passeio Noturno I", "Passeio Noturno II", "Entrevista", "Agruras de um Jovem Escritor", "Nau Catrineta" e "74 Degraus". Está sobretudo no romance anterior a *Feliz Ano Novo*: *O Caso Morel*, o mesmo da citação acima, publicado em 1973 e a respeito do qual diz a crítica: "personagens cultos, saturados de informação; cultura e informação estas que funcionam como repressão excessiva, provocando uma explosão desnorteada do instinto."[18]

Dublê de marginal

Referindo-se ao problema do foco narrativo na tradição da prosa regionalista brasileira, Antonio Candido observa que através desse aspecto teórico é possível perceber como a visão do autor aproximou-se aos poucos da visão do personagem; em outro momento de sua obra, ao referir-se especificamente à grande incidência da narrativa em primeira pessoa no conto brasileiro contemporâneo, o crítico diz:

Ele [o escritor] deseja apagar as distâncias sociais, identificando-se com a matéria popular. Por isso usa a primeira pessoa como recurso para confundir autor e personagem, adotando uma espécie de discurso

17. *O Caso Morel*, p. 67.
18. Celia de Moraes Rego Pedrosa, *O Discurso Hiperrealista. Rubem Fonseca e André Gide*, Rio de Janeiro, PUC, 1977, pp. 32-33.

direto permanente e desconvencionalizado, que permite fusão maior que a do indireto livre. Esta abdicação estilística é um traço da maior importância na atual ficção brasileira (e com certeza também em outras)[19].

Sem dúvida, o comentário serve como luva ao narrador de Rubem Fonseca, pela riqueza de detalhes significativos que a figura do marginal apresenta, pela contundência da visão de mundo que deixa claras as dívidas que ele quer receber. Mas o próprio crítico faz uma ressalva igualmente pertinente para a obra de Fonseca, aliás citado no artigo: trata-se do fato de que o Outro – marginal, prostituta etc. – pode aparecer como um novo tipo de exótico:

Isto leva a perguntar se eles não estão criando um novo exotismo de tipo especial, que ficará mais evidente para os leitores futuros; se não estão sendo eficientes, em parte, pelo fato de apresentarem temas, situações e modos de falar do marginal, da prostituta, do inculto das cidades, que para o leitor de classe média têm o atrativo de qualquer outro pitoresco[20].

Tomando como certa a observação crítica, é de supor que entre o intelectual que escreve e o marginal que age haverá certa distância que o olhar do leitor irá perceber, não na primeira leitura, a do prazer das imagens, mas na seguinte, quando o olhar requer interpretação. Como se dará essa distância?

Há na obra de Fonseca muita proximidade entre a consciência do marginal e a do intelectual; no último livro de contos, por exemplo, o escritor de "Pierrô da Caverna" e o marginal de "O Cobrador" guardam várias semelhanças entre si. O "bandido"

19. Antonio Candido, "A Nova Narrativa", *A Educação pela Noite e Outros Ensaios*, São Paulo, Ática, 1987, p. 213.
20. *Id., ibid.*

aparece individualizado demais: há sempre a preocupação em mostrá-lo superior a seus pares, de tal forma que mais parece um intelectual momentaneamente fora de seu meio. Observe-se o seguinte diálogo, este do conto "Feliz Ano Novo":

> Ele se levantou. Desamarrei os braços dele.
> Muito obrigado, ele disse. Vê-se que o senhor é um homem educado, instruído[21].

O narrador está sempre destacado do grupo pela sua individualidade muito marcada, de certa forma superior aos próprios grã-finos odiados. Transparece algo como certo ressentimento de alguém que se vê expulso dessa classe, e não com os valores e comportamento dos outros marginais. Da mesma forma que no caso do comissário do segundo livro, o marginal desse que estamos lendo possui muitos traços de um marginal romantizado, o que também explica a presença de Villon na epígrafe do livro. O destaque em relação ao resto do grupo é ostensivo: enquanto o narrador é um "homem educado, instruído", que sente repulsa por mulheres ricas, dois de seus companheiros não têm nem nome: são "Pereba" e "Lambreta", sem contar a descrição que o narrador faz do primeiro.[22]

Ainda que sejam todos vítimas de uma política econômica fraudulenta, o narrador vive sempre alguma forma de superioridade. Por isso, mesmo que sua situação seja de carência, intelectualmente ele não está no nível dos demais personagens do grupo. Na verdade, o personagem central dos contos de Fonseca é o intelectual, e não o marginal. E também por isso, sua linguagem mistura os níveis tão bem: um marginal falando como um ho-

---

21. *Feliz Ano Novo*, p. 14.
22. Cf. *Feliz Ano Novo*, p. 9.

mem culto; um homem culto agindo como um marginal; o que não deixa de ser um projeto literário de transpor barreiras que a divisão de classes impõe. E isso explica alguma coisa do poder de sedução junto aos leitores.

Observe-se a romantização dos personagens dos primeiros livros: o halterofilista de "A Força Humana" vê em Corcundinha o avesso da beleza fomentada pela propaganda; em Waterloo, um instrumento da competitividade dessa mesma propaganda. Mas o narrador não só é mais forte do que o segundo, como possui o corpo modelar sonhado pelo primeiro. Se o corpo grotesco aparece como crítica aos modelos da sociedade de consumo, o herói por seu lado está sempre acima desse conflito, pois orgulha-se do corpo perfeito que tem. Conhece a derrota, sem dúvida, mas a astúcia e a inteligência que demonstra, além é claro da força, aproximam-no da figura romantizada do malandro, que depois da vida "dourada" dos anos de 50, viu-se jogado no submundo de um capitalismo que, mais do que em outros autores do período, deve-se chamar de selvagem.

Por tudo, é necessário diferenciar a aproximação do narrador de Rubem Fonseca em direção aos pobres daquela, por exemplo, do realismo de 30; pois sendo uma exceção dentro do próprio grupo, seu herói é sempre alguém eleito, tocado pela aura da diferença. Ocorre diminuição dessa distância ostensiva num conto como "Abril, no Rio, em 1970", em que acompanhamos as ilusões e derrotas de um jogador de várzea, querendo vencer o jogo para ficar famoso e conquistar mulheres diferentes de Nely, sua namorada e datilógrafa da firma. E a despeito dos desejos de "vitória" do personagem, surge a consciência solidária durante a "peneira" em um treino, numa cena conhecida da adolescência que cresceu nos anos de 60 e 70 sonhando com futebol.[23]

23. Cf. *Feliz Ano Novo*, p. 38.

A paródia

Mas o grau de reivindicação é grande na obra, e é nele que está a sua força. Aparece no livro a figura do escritor angustiado, que se mostra de corpo inteiro e pensa abertamente sua condição. Sem dúvida estou falando do conto que encerra o volume, "Intestino Grosso", que rompe quase totalmente a situação ficcional para falar em tom de urgência ao leitor.

Antes, porém, de tratar desse conto, é preciso notar o mesmo tema da situação do escritor num outro, mas que contrasta bastante com ele: "Agruras de um Jovem Escritor". É a história de um poeta pernóstico que, depois de ter recebido um prêmio literário, acha-se às voltas com seu romance "definitivo". Todas as peripécias se passam muito rapidamente, numa realidade movediça; é um jovem poeta do Terceiro Mundo, que não sabe disso e muito menos que a auréola do poeta há mais de cem anos, quando passava perto de uma poça... A realidade cotidiana irrompe bizarramente em seu apartamento, na figura do detetive Jacó: "um homem calvo, barrocamente vestido, lenço vermelho no bolso, anel de rubi, gravata dourada com um alfinete de pérola, camisa colorida e terno de listas".[24]

Como no caso do também pernóstico Dr. R., de "A Matéria do Sonho", o escritor de "Agruras" é uma espécie de títere, cuja narrativa submete o pensamento do personagem ao círculo sem saída da idéia-fixa, transformando linguagem em metalinguagem, de tal modo que cortar o fio do pensamento é cortar o fio da narrativa. Ao dar entrevista a um jornalista picareta, na delegacia em que se encontra acusado de ter matado a namorada, ele diz: "e me fotografou de vários ângulos enquanto eu dizia, sou escritor, premiado pela Academia, estou escrevendo um romance de-

---

24. *Feliz Ano Novo*, p. 83.

O PREÇO DAS PALAVRAS

finitivo, a literatura brasileira está em crise, uma grande merda, onde estão os grandes temas de amor e morte?"[25]

A ironia maior do conto está no fato de que o grande romance "de amor e morte" que ele quer escrever é escrito pela mulher que vive com ele e o sustenta, "a costureira, a escrava"[26], e que literalmente se mata pelo jovem poeta. Quando faz tal descoberta, faz também uma última citação, dessa vez decisiva: "a vida me ensinara a pensar, pensar não me ensinara a viver"[27]; e recai na corrente aprisionante da linguagem, ao mesmo tempo em que vai significativamente preso.

Mas ao lado dessa inconsciência ridicularizada, no conto há um outro aspecto que veio ganhando corpo de livro a livro na obra de Fonseca; está discutido nesse de 1975 e será fundamental para a qualidade do livro seguinte, *O Cobrador*: o diálogo da literatura brasileira com as demais literaturas. A situação vivida pelo jovem escritor de "Agruras" insere-se nessa questão mais ampla tratada na obra. É outro dos contos carregados de literatura, de citações, só que agora o jogo paródico moveu-se para o centro de preocupações do autor.

A discussão da dependência cultural e de outras formas de dependência, bem mais trabalhada no último livro de contos, já está na obra de Fonseca desde *Lúcia McCartney*, passando pelo *Caso Morel*, e agora em *Feliz Ano Novo*. O problema não é simples de tratar num autor que cita tanto e, ao mesmo tempo, está muito atento à sua situação histórica. Tomem-se, como exemplo, duas citações semelhantes: uma tirada do conto "Lúcia McCartney" e outra de "A Matéria do Sonho".

25. *Feliz Ano Novo*, pp. 81-82.
26. *Feliz Ano Novo*, p. 82.
27. *Feliz Ano Novo*, p. 83.

No primeiro caso, Lúcia é uma prostituta que ouve a música dos Beatles; a incorporação da cultura estrangeira ao nome, apreendida pelos meios de comunicação de massa, tem um peso esmagador de derrota, tal como no caso de Waterloo, com a diferença de que no caso da garota a determinação é mais direta, à medida que o nome é escolhido por ela mesma, um valor do seu universo cultural. Para Lúcia McCartney, a relação de dependência econômica, cultural e biográfica tem um sentido preciso de determinação histórica: o nome estrangeiro é também o "nome de guerra", criando, portanto, uma outra identidade. Entre o capital estrangeiro e a degradação da dependência, a ponte se faz pela ideologia do gosto, que articula as duas identidades.

Há no conto a ironia do personagem que convive com Lúcia, José Roberto, através da qual é possível perceber o jogo correto de perspectiva para decifrar o olhar do autor implícito. A fim de corrigir o ponto de vista de Lúcia, José Roberto cita Shakespeare – digamos, via Machado –, criando uma distância em relação à voz da narradora. Na verdade, o jogo machadiano entre o elevado e o baixo aparece o tempo todo na obra de Fonseca, a nota destoante – a ironia, e no seu caso também o palavrão – rompendo o tom sério ou a breve elevação lírica. É possível lembrar-se do início de "A Cartomante" nessa passagem de "Lúcia McCartney":

"Palavras, palavras, palavras", diz Hamlet para Polonius no segundo ato.

Palavras, palavras, palavras, dirá você, vítima também da mesma dúvida existencial do personagem shakespeariano, ao ler esta carta[28].

---

28. *Lúcia McCartney*, p. 40. A presença de ecos machadianos em *O Cobrador* foi apontada por Bóris Schnaiderman no artigo "Rubem Fonseca, Precioso. Num Pequeno Livro", *Jornal da Tarde*, São Paulo, 27 set. 1980, p. 8.

O outro exemplo desse ajuste do ponto de vista está exatamente no conto analisado no capítulo anterior, "A Matéria do Sonho", em que também aparece um leitor de Shakespeare. O narrador do conto é uma espécie de irmão de Lúcia McCartney, pois de alguma forma se prostitui ao receber Gretchen, *comprada numa sex-shop* estrangeira. Na análise do conto, disse que a transcendência shakespeariana se resolvia em fetiche do objeto; mudando um pouco o tom da conversa, diria que a única intervenção divina que ocorre ali é o "milagre brasileiro".

Dr. R. relê o dramaturgo inglês consciente do que significa a leitura *historicizada*, que só pode se fazer ironicamente; uma ironia que no conto chega ao limite da perversidade com o protegido. Ele compreende que a releitura está presa ao espaço-tempo em que ocorre: é essa uma posição recorrente em toda a obra de Fonseca. Tanto é assim que um outro leitor de Shakespeare, o crítico "Gonçalves Silva", do romance de 1973, *O Caso Morel*, aparece ridicularizado[29] por querer se desprender historicamente para ler o que só pode ser lido no tempo; ou por outra, por querer ler aquilo que só pode ser relido.

A reivindicação

Portanto, as questões vividas pelo jovem escritor de "Agruras" estão discutidas em vários momentos da obra, principalmente a partir do livro de 1969, em que Fonseca busca compreender o papel da literatura e do artista numa sociedade cada vez mais poluída e estandardizada pela imagem eletrônica. Mas a discussão torna-se veemente no conto que não pode ficar fora de qualquer interpretação que se faça de *Feliz Ano Novo*: trata-se do já

---

29. Cf. *O Caso Morel*, pp. 76-77.

mencionado "Intestino Grosso", conto que poderia chamar-se com toda razão "Agruras de um Velho Escritor"[30].

Praticamente toda a matéria do conto é formada pelas perguntas e respostas da entrevista que um escritor concede a um jornalista, cobrando por palavra. Ele tem sido visto como a formulação da poética de Rubem Fonseca – e com boa dose de razão –, pois ali está discutida a situação do intelectual em nossa cultura, mostrando de modo contundente a posição que o autor assume diante da realidade brasileira.

O percurso que Fonseca vem realizando faz-se desde um afastamento extenso no passado a uma urgência de presente, como se o narrador estivesse sempre a um passo do objeto ou da palavra perseguida. "Intestino Grosso" é um momento significativo desse processo, pois nele a ficção está raleada, de certo modo reduzida apenas a algumas frases iniciais e finais. A matéria narrada passa a ser o discurso conceitual, a discussão de idéias, fazendo assim o encurtamento de distância entre ficção e realidade; ou, de outra forma, negando ao texto a imersão no passado, matéria-prima do narrador. Lembrando-se do conto analisado no início do percurso, o leitor percebe o quanto vem mudando a posição narrativa de Fonseca.

A urgência de presente responde a dois imperativos do tempo, ou melhor, ao imperativo de dois tempos: o tempo que *foge*, referido na epígrafe de Horácio; e o tempo que *fere*, da epígrafe de Villon. Ambos são agruras do velho escritor:

"[...] na minha idade eu não deveria perder tempo com outras coisas, mas não consigo parar de escrever. É uma doença".

"[...] Eu gostaria de poder dizer que a literatura é inútil, mas não é, num mundo em que pululam cada vez mais técnicos. Para cada Central

30. *Feliz Ano Novo*, pp. 133-144.

Nuclear é preciso uma porção de poetas e artistas, do contrário estamos fudidos antes mesmo da Bomba explodir".

Há vários aspectos significativos no conto para o entendimento de alguns temas da obra. Um dos aspectos centrais é justamente a relação entre vida e palavra:

"O que é natureza humana?"
"No meu livro *Intestino Grosso* eu digo que, para entender a natureza humana, é preciso que todos os artistas desexcomunguem o corpo, investiguem, da maneira que só nós sabemos fazer, ao contrário dos cientistas, as ainda secretas e obscuras relações entre o corpo e a mente, esmiúcem o funcionamento do animal em todas as suas interações".

Uma curiosidade do trecho é o fato de o livro do autor entrevistado chamar-se *Intestino Grosso*, mesmo nome do conto que estamos lendo. A consciência do autor implícito começa a desvendar a ficção para mostrar-se ao leitor: o conto "Intestino Grosso" quer valer para todo o livro. O que mais importa, contudo, é o título estar relacionado a um aspecto corporal "baixo"; o escritor cria uma poética de "desexcomungação" do corpo – para atingir o conhecimento "em todas as suas interações" – reprimido por séculos de moral burguesa e cristã. A contrapartida disso é a mecanização e transformação do corpo em matéria-prima industrializada.

A relação entre corpo e palavra volta numa resposta posterior, com outras implicações: a aproximação com a realidade implica não só desexcomungar o corpo, como também a palavra:

"A pornografia, como, por exemplo, as viagens espaciais e o sarampo, tem futuro?"
"A pornografia está ligada aos órgãos de excreção e de reprodução, à vida, às funções que caracterizam a resistência à morte – alimentação

e amor, e seus exercícios e resultados: excremento, cópula, esperma, gravidez, parto, crescimento. Esta é a nossa velha amiga, a Pornografia da Vida".

Entretanto, para desexcomungar corpo e palavra, será necessário viver a literatura como desencanto, "uma doença", remexendo o inconsciente e as verdades oficiais; por issso, o único conselho possível ao "jovem escritor" é a imagem sartreana das "mãos sujas". Essa imagem já aparecera em *O Caso Morel*: "Que vida sórdida a sua. Polícia, advogado, escritor. As mãos sempre sujas."[31] E reaparece agora em "Intestino Grosso":

"O que você quer dizer com isso de escrever o *seu* livro? É este o conselho que você dá aos mais jovens?"
"Não estou dando conselhos [...] mas cedo ou tarde ele acabará escrevendo o seu livro, dele. Cedo ou tarde acabará sujando as mãos também, se persistir".

Como disse, o sentido das citações acima – tanto a do romance quanto a do conto – está relacionado ao inconsciente do artista e às verdades oficiais. Dessa forma, sexualidade e ideologia na obra aproximam-se para explicar-se. Como em outros autores dos anos de 70, em Fonseca também se cruzam os planos do erotismo e da violência política. Mas é necessário respeitar a autonomia de cada um desses planos, percebendo a presença do outro de forma interna e ao mesmo tempo abrangente, e não numa correlação simplificadora, pois no autor uma forma de experiência não é apenas disfarce da outra. A sexualidade não pode ser vista simplesmente como "metáfora" da violência social; nem tampouco a violência social ser tomada como "máscara" da se-

---

31. *O Caso Morel*, p. 30.

xualidade mal resolvida. É preciso tornar a sintaxe mais complexa ao formular o problema; e o primeiro passo para isso é reconhecer a força de representação que há na literatura do autor. Ao falar da sexualidade, o estilo encarna a voz das determinações e exigências do corpo; ou seja, a reivindicação da experiência erótica é forma de reclamar pelo respeito e integridade do corpo. Ao surgir a interdição ou a violência, ele perde a possibilidade de transitar para o prazer; dessa forma, o erotismo na obra não é metáfora: é corpo e movimento. A negatividade não surge metaforizada pela sexualidade; é acionada por ela. Fazendo uma relação com a conhecida distinção de Lukács, o erotismo na obra de Fonseca não é "descrito", mas sim "narrado".

Por outro lado, reconhecer a denúncia do corpo reprimido não é monotematizar a obra, vendo em tudo a motivação inconsciente. As ações que coíbem o corpo são muitas e de diferentes ordens; seria fechar os olhos ao óbvio e reduzir a obra a uma única fonte de angústia. Se esses dois planos da experiência não estivessem tão bem articulados na obra, provavelmente ela não teria o interesse que tem.

"Sendo abrangente assim, afasta a dicotomia entre indivíduo e sociedade, pois mostra-nos os dois lados como devem ser vistos, isto é, solidariamente unidos, interdependentes."[32] A citação é de João Luiz Lafetá, ao analisar o conto "H. M. S. Cormorant em Paranaguá", mostrando que a relação não deve ser vista como disjuntiva: nem a história – a cultura – como uma letra que encobre o impulso desagregador da libido, nem a sexualidade unicamente como metáfora do poder; nesse caso, não há alegoria: a sexualidade é o particular concreto.

---

32. João Luiz Lafetá, "Fonseca & Azevedo", *O Nacional e o Popular na Cultura Brasileira*", São Paulo, Brasiliense, 1982, p. 117.

ROTEIRO PARA UM NARRADOR

O autor busca, desse modo, pensar as "secretas e obscuras relações entre o corpo e a mente" dentro de uma alternativa de cultura; por isso, torna-se necessário encarar o espaço em que se propõe a possibilidade de o corpo viver plenamente: a história. A "sujeira" das mãos aparece com o desvelamento da realidade escondida sob a palavra ideológica; é possível perceber na obra um processo pelo qual a violência de motivação sexual torna-se violência historicizada, que busca determinar seus vários móveis ao contextualizar-se.

Para perceber isso, basta comparar a angústia de dois personagens: a de Morel, no romance que leva seu nome, e a de Mandrake, protagonista de *A Grande Arte*: ela se altera à medida que as implicações históricas ganham maior peso de determinação. É isso que explica a diferença de tom entre o primeiro e o segundo romance. E mesmo em *O Caso Morel*, em que o instinto fala alto a todo momento, a vinculação entre "pornografia" e "miséria" já está dada claramente; a certa altura do romance, reaparece a boneca Gretchen, a mesma de *Lúcia McCartney*, trazida pelas mãos do editor Magalhães.[33] Censurado, acusado de imoral, o editor vincula os dois planos da experiência vividos num regime que se encontrava no auge do autoritarismo: "Eu sou um moralista, quero atacar a hipocrisia, precisamos de mais perversão para moralizar o país."[34]

E no conto que estamos lendo, "Intestino Grosso", o velho escritor volta a se referir à palavra transgressora, "pornográfica", que se torna, na verdade, desmascaramento da verdadeira imoralidade:

"Já ouvi acusarem você de escritor pornográfico. Você é?"
"Sou, os meus livros estão cheios de miseráveis sem dentes".

33. Cf. *O Caso Morel*, p. 79.
34. *O Caso Morel*, p. 80.

Nesse sentido, a palavra "pornográfica" e a palavra "paga" do autor são formas de resgatar a função e dignidade da palavra do artista. Rompendo a natureza narrativa, a entrevista torna-se uma forma de manifesto, portanto com um sentido mais claramente *político*, dando ao conto "Intestino Grosso" outra feição se comparado aos contos que também falam das interações entre erotismo e sociedade.

O formigueiro

A visão apocalíptica do livro de 1969, *Lúcia McCartney*, torna-se mais definida nesse de 1975; há uma clara vinculação entre marginalidade e pobreza, em decorrência do que a posição dos personagens principais do livro é ostensivamente desafiadora. Basta lembrar o conto que abre o volume, "Feliz Ano Novo": a violência tornou-se direta, à proporção que desapareceu o primeiro lirismo de linguagem. É o homem engolido pelas relações sociais alienantes que reprimem sua existência enquanto corpo, repressão sexual convivendo com espoliação econômica, como fica claro na frase concisa que mescla "pornografia" e miséria.

O conto "Intestino Grosso" diminui consideravelmente a distância entre personagem e autor, e pode realmente servir de chave de interpretação para muita coisa da obra de Fonseca. No livro, em que não só aparece o corpo controlado, mas o conjunto dos homens é visto como uma massa sem rosto sujeita a toda forma de exploração, a sociedade transformou-se num corpo inorgânico, e pode virar alimento, fertilizante ou lixo atômico. Por tudo, o signo que marca o destino do homem em *Feliz Ano Novo* é *devorar*.

É contra a sociedade "exterminadora" que se volta o autor do conto-poética, que iguala homens e animais, só que para defender o direito à vida de todas as espécies:

ROTEIRO PARA UM NARRADOR

"Estamos matando todos os bichos, nem tatu agüenta, várias raças já foram extintas, um milhão de árvores são derrubadas por dia, daqui a pouco todas as jaguatiricas viraram tapetinho de banheiro, os jacarés do pantanal viraram bolsa e as antas foram comidas nos restaurantes típicos, aqueles em que o sujeito vai, pede Capivara à Thermidor, prova um pedacinho, só para contar depois para os amigos, e joga o resto fora. Não dá mais para Diadorim".

Dessa forma, o Apocalipse do livro anterior perde o sentido bíblico que supostamente poderia ter e chama-se agora Usina Nuclear. A idéia recorrente é a da massificação humana: o mundo como um enorme formigueiro. É assim que termina o conto de ficção-científica "O Campeonato", disputa entre dois homens para saber qual deles consegue um maior número de ejaculações – controladas miligramicamente – em determinado intervalo de tempo. É justamente contra a obsessão por recordes, contra esse controle dos impulsos naturais que se volta o escritor de "Intestino Grosso". A visão desse novo apocalipse leva-o a dizer que haverá um dia em que a melhor herança que os pais poderão deixar aos filhos será o corpo para ser devorado. Perguntado se teria coragem de devorar o próprio pai, o personagem responde: "Em churrasco ou ensopadinho, não. Mas em forma de biscoito, como foi mostrado naquele filme, eu não teria a menor repugnância em devorar o meu pai".[35] A frase mordaz diz que a moralidade não responde mais a nada numa sociedade em que tudo vira tudo, e o que conta somente é o modo de apresentar o produto.

À medida que o corpo humano é dessacralizado e sujeito a todas as violências e explorações oficializadas – a verdadeira imo-

---

35. O filme a que se refere o autor entrevistado deve ser o já mencionado *Soylent Green* (1972), de Richard Fleischer, lançado no Brasil com o título *No Mundo de 2020*. O motivo central do filme reaparece no conto "Onze de Maio", do livro *O Cobrador*, em que os velhos internos do Instituto são cremados.

164

ralidade consentida –, a imagem do corpo passa a ser vista como grotesca por situar-se no limite do infra-humano, o enorme "formigueiro". Em contrapartida, se o corpo é submetido a tal massificação, a um espécime para estudo de reações, é necessário libertá-lo, diz o velho escritor do conto comentado, e deixar que ele viva seu tema por excelência. Enquanto o corpo aparece, por um lado, como matéria-prima da sociedade de consumo, por outro é recuperado como fonte de prazer transgressor. Assim, o erotismo procura escapar à sociedade totalitária, através da recuperação do corpo enquanto recriação da própria realidade.

O grotesco surge em duas dimensões complementares em *Feliz Ano Novo*: é forma de expressão do corpo que busca libertar-se do modelo imposto pela moral conivente com a sociedade vigiada; é forma também de expressão que desmascara a verdadeira mancha social: a degradação, o desrespeito ao corpo que se torna motivo de riso:

"Sapatos eles têm, às vezes. O que falta, sempre, é dentes. A cárie surge, começa a doer, e o pilantra, afinal, vai ao dentista, um daqueles que têm na fachada um anúncio de acrílico com uma enorme dentadura. O dentista diz quanto custa obturar o dente. Mas arrancar é bem mais barato. Então arranca, doutor, diz o sujeito. Assim vai-se um dente, e depois outro, até que o cara acaba ficando somente com um ou dois, ali na frente, apenas para lhe dar um aspecto pitoresco e fazer as platéias rirem, se por acaso ele tiver a sorte de aparecer no cinema torcendo para o Flamengo num jogo com o Vasco".

O grotesco em Rubem Fonseca é incômodo porque está situado numa ordem que quer extirpá-lo, jogá-lo para o conjunto das caricaturas, de onde ele volta carregado de *pathos* e negação. Se no segundo livro do autor, *A Coleira do Cão*, havia a "descoberta" do corpo, em *Feliz Ano Novo* há a reivindicação do corpo. E não se trata de algo como ideologia barata, perda da consciência, do pensamento: ao contrário, se há angústia ou desespero, é porque há também um pensamento incessante por trás das ações, que traz cada cena para o centro do foco ideológico. Daí a razão porque Hélio Pólvora atribui ao conto de Fonseca um "contorno ensaístico",[36] o que se confirma, inclusive, pelo pendor alegorizante e pelo diálogo paródico-irônico. O comentário feito por Alfredo Bosi acerca das obras do período nas quais "já se desfez aquela mistura ideológica e datada de mitologia e tecnicismo",[37] mostra-se extremamente pertinente ao conto de Rubem Fonseca, que o próprio crítico cita, e em especial ao conto "Intestino Grosso":

> Uma literatura penetrada de pensamento, uma literatura que faz da auto-análise, da pesquisa do cotidiano (rústico, urbano, suburbano, marginal), do sarcasmo e da paródia o seu apoio para contrastar o sentido das ideologias dominantes; uma literatura que vive em tensão com os discursos da rotina e do poder [...][38].

A consciência desse autor-personagem fala de uma visão agônica, que complementa a ironia dos contos iniciais de *Feliz Ano Novo*. Mas o caminho do narrador de Rubem Fonseca leva-o cada vez mais a uma explícita participação no sofrimento do outro, ainda que se mostre apenas em fios no emaranhado de ironia e mordacidade – outros modos dessa participação. No último livro do percurso, *O Cobrador*, uma denúncia contundente voltará como consciência histórica, convivendo, de modo incômodo, com um sentimento de culpa e descrença.

36. Hélio Pólvora, *A Força da Ficção*, ed. cit., p. 21.
37. Alfredo Bosi, "Moderno e Modernista na Literatura Brasileira", *Céu, Inferno*, São Paulo, Ática, 1988, p. 126.
38. *Id., ibid.*, pp.125-126.

5

Roteiro para um Narrador

> *Na hora do almoço, o funcionário aposentado, que se chamava Alencar e pouco falava, perdeu a timidez quando o suíço perguntou quem havia sido Pedro Teixeira.*

O Cobrador

Antes de assumir de vez o romance, Rubem Fonseca publica em 1979 os contos de *O Cobrador*, em que violência e linguagem ganham um requinte maior, radicalizam-se motivos e temas. Se o segundo livro de Fonseca apresentava algum excesso na extensão dos contos; se faltava desenvolvimento a algumas histórias dos dois livros seguintes, no último o contista encontrou a dimensão certa de cada narrativa e o emprego feliz da multiplicidade de meios que possui, fazendo desse o livro mais equilibrado. É levada ao extremo que a alegoria permite a violência do cotidiano brasileiro, seja na figura do Cobrador feroz, seja na do Instituto que envenena com televisão e remédios os aposentados.

No capítulo anterior, mencionei o ensaio de Antonio Candido, em que o crítico falava acerca da ficção dos anos de 70, que apresentaria um envelhecimento precoce caso persistisse na busca de novidades estilísticas sem maior consistência de representação; o crítico reportava-se então a algumas obras melhores, que se situavam numa linha narrativa mais tradicional, já não apresentando aquela inovação rotinizada, e sim uma escrita abrangente quanto aos horizontes a atingir:

> Por isso apresentam uma escrita antes tradicional, com ausência de recursos espetaculares, aceitação dos limites da palavra escrita, renúncia à mistura de recursos e artes, indiferença às provocações estilísticas e estruturais[1].

O ensaio de Antonio Candido é de 1979, mesmo ano de publicação de *O Cobrador*, em que, como disse, Fonseca mostra-se senhor de seus recursos. A ressalva do crítico à literatura do período acaba servindo de comentário indireto ao percurso do autor: a mudança que vem ocorrendo prossegue na reconstrução do discurso, o que começara a ser feito em *Feliz Ano Novo*. A reconstrução, por sua vez, implica um trabalho preciso de estilo, fazendo conviver a ampliação da visada com a ampliação dos recursos narrativos, em que cada peça do livro, por menor que seja, ganha força inusitada pelo talhe incisivo, quando não pela recuperação paródica.

Ironia e forma

Uma face irônica da visão que se modificou no percurso da obra se sabe imersa no mundo urbano das mentiras oficiais, e está exemplarmente encarnada em Mandrake. O personagem mordaz veio ganhando corpo a cada livro, e nesse último consegue uma identidade definitiva; daí o nome do conto ser simplesmente "Mandrake", mostrando que ele está pronto para conduzir o romance seguinte, *A Grande Arte* (1983). Sua mordacidade

---

1. Antonio Candido, *A Educação pela Noite e Outros Ensaios*, ed. cit., p. 214.

concentra o motivo do riso, dado na epígrafe do livro: no poema "Encantação pelo Riso", do poeta Velimir Khlébnikov, a imagem do rosto que ri vai se deformando a tal ponto, através da metonímia dos dentes, que o grotesco se radicaliza e se encarna não nas metáforas, mas nos próprios significantes que se distorcem e são, a um tempo, signos do verso e reverso do riso, o que se deve também ao trabalho de recriação de Haroldo de Campos.[2] O rosto grotesco do poema epigráfico está duplicado no objeto sinistro da caixinha de risadas que aparece no conto: depois de conversar com Cavalcante Méier, "fazendeiro, exportador, suplente de Senador por Alagoas, serviços prestados à revolução", Mandrake faz várias referências à caixinha de gargalhadas.[3]

Ele é um *private eye* que conhece por dentro as taras familiares e políticas da burguesia brasileira. É uma consciência que se bate por entender e ironizar o mundo à sua volta; no conto, há um contraponto constante entre a partida de xadrez que Mandrake e Berta disputam e o caso que ele está empenhado em desvendar: os lances que ensaia o tempo todo na imaginação correspondem às alternativas de um jogo cujas regras lhe são ocultas. É dele a seguinte frase: "Está tudo errado, o hino nacional com sua letra idiota, a bandeira positivista sem a cor vermelha, toda bandeira deve ter a cor vermelha, de que vale o verde das nossas matas e o amarelo do nosso ouro sem o sangue de nossas veias?"[4]

O "vermelho" fala em nome do sangue, da vida, e não obviamente em nome de um partido político, de um decálogo ideoló-

---

2. Sobre o grotesco na linguagem, ver o ensaio de Anatol Rosenfeld, "A Visão Grotesca", *Texto/Contexto*, São Paulo, Perspectiva, 1972, pp. 59-73, em que o autor desenvolve algumas sugestões de W. Kayser.
3. *O Cobrador*, pp. 93 e 94.
4. *O Cobrador*, p. 111.

gico. Entretanto, chegando ao último livro do percurso, quanto não terá mudado a posição do narrador de Rubem Fonseca, se compararmos a citação acima com a ironia do primeiro conto analisado, em que aparecia a figura depreciada de Terceirodomundo, "socialista" e "espiritualista".[5]

No conto "Duzentos e Vinte e Cinco Gramas", daquele mesmo primeiro livro, o médico-legista que destrói com requintes de sadismo o corpo da mulher, diz ao sujeito que assiste à autópsia uma frase que pode ser vista como desdobramento dessa última: "'A vida de toda carne é o sangue', está nas escrituras".[6] Se desde o início da obra havia na consciência do narrador essa verdade, digamos, "hematófila", o certo é que ela saiu das Escrituras — descontando a ironia do conto — e passou à Bandeira — num outro plano irônico.

Essa inquietação irônica de Mandrake corresponde a uma inquietação também da forma literária no livro todo, cada conto dialogando em fala cifrada com a tradição. Talvez tenha sido Bóris Schnaiderman o primeiro a chamar a atenção dos leitores para a densidade paródica do livro; mais do que isso, no pequeno ensaio o crítico deu a pista correta de interpretação da obra.[7] Mesmo nos dois menores contos — "Livro de Ocorrências" e "A Caminho de Assunção" —, é possível chamar a atenção do leitor, ainda que brevemente, para o cuidado da forma.

"Livro de Ocorrências": a grande época para o conto começa no século XIX, sobretudo com a figura de Poe. O escritor americano foi não só um dos principais contistas e influenciadores do conto moderno, como também escreveu a respeito dele alguns textos que viriam a servir de base para as teorias que apareceram

5. *Os Prisioneiros*, p. 105.
6. *Os Prisioneiros*, p. 26.
7. Refiro-me ao texto citado no capítulo anterior.

depois. O que fica evidente, entre outras coisas, é a autonomia de tamanho e estrutura que o conto adquire durante o século XIX, por influência também dos periódicos, subtraindo-se à ordem estabelecida por uma situação inicial que servia de "moldura" aos demais contos do volume. Contudo, a moldura persiste em muitas obras posteriores a Poe e aos representantes do conto moderno, pensada intencionalmente num critério rigoroso de unidade. Entre as que guardam o emprego da moldura em nossa literatura, estão, por exemplo, as *Noites na Taverna*, de Álvares de Azevedo, enquadradas numa situação de tempo e espaço; poderiam ser citados também os *Contos de Belazarte*, de Mário de Andrade, cuja moldura reduz-se a um friso contido na expressão que abre os contos: "Belazarte me contou".

"Livro de Ocorrências" é um conto interessante já por esse aspecto, pois é caudatário da forma longínqua do conto enquadrado, tendo por moldura o livro de registros. Nele, podemos observar uma forma minimizada de enquadramento: trata-se de um dia na vida de um comissário de polícia; a moldura é dada pelo livro de anotações do personagem central – o comissário –, sendo que cada um dos pequenos episódios funciona como uma página do livro que estamos lendo e do diário do personagem: páginas do livro, páginas do Livro.

Outro aspecto interessante é que o autor consegue romper a fórmula cristalizada do nome, abrindo uma fenda na forma. Tal procedimento aparecia ainda tímido no conto "Curriculum Vitae", do primeiro livro: lá, ao contar a história do desencontro do rapaz, o autor implícito buscava recuperar o sentido fluente de "correr da vida", congelado pela fórmula oficial. Em "Livro de Ocorrências", o procedimento se adensa: cada página do livro é uma narrativa *vivida* pelo comissário do conto, antes de se transformar no registro impesssoal da ocorrência, prenunciado na suposta impessoalidade da voz narrativa. Mas essa voz dá ao texto uma força maior do que a voz emotiva dava ao primeiro conto, justamente pelo efeito irônico.

Também significativo, nesse aspecto, é o conto "A Caminho de Assunção". É um instantâneo da Guerra do Paraguai, uma pequena abertura no discurso congelado da História, deixando entrever o horror vivo por baixo. Há um forte contraste entre a violência do episódio e a aparição quase ao final da figura pobremente hierática do general: dessa forma, contrapõem-se História e história. O ato banal e nada aventuroso do soldado desconhecido é, entretanto, significativo pela concentração de violência das atrocidades da guerra, por mais "insignificante" que ela seja.

Hoje sabemos que o conto tem origem nas narrativas do escritor russo, Isaac Bábel, motivo recorrente no romance *Vastas Emoções*. O tom elevado do estilo confere certa nobreza ao sangue derramado, que, se denuncia parodicamente a precariedade da história representada – articulando uma visão rebaixada do heroísmo –, marca também a presença de uma denúncia que no conto é consciência histórica. No final, desce a figura elevada do Personagem Oficial para suturar a fenda aberta no discurso ideológico.

Uma narrativa exemplar

O conto "A Caminho de Assunção" abre a grande perspectiva que está em todo o livro, e da qual é preciso falar com mais vagar: trata-se da complicada consciência histórica do narrador, presente com alguma força no livro anterior, e que neste último reaparece trabalhada em vários momentos da história do Brasil. No livro, há um conto que articula o eixo histórico e o geográfico de forma admirável, dando um registro metonímico de nossa situação cultural e social: refiro-me a "Encontro no Amazonas",[8]

8.   *O Cobrador*, pp. 61-82.

conto que pode servir como síntese do percurso do narrador de Rubem Fonseca, pois estão ali temas e motivos que tornam clara sua trajetória.

Como anuncia o título, trata-se de um "encontro": dois homens – o narrador e seu colega Carlos Alberto – perseguem um fugitivo cujo nome nunca é mencionado, assim como o do narrador; percebe-se desde o início que os dois colegas fazem parte de uma organização da qual nada se diz. Sabemos que o personagem procurado fez o seguinte trajeto: entrou no Brasil por Corumbá, vindo da Argentina e do Paraguai; de Corumbá ele seguiu para Brasília, e dali para Belém. Começa então a perseguição a partir de Belém, de onde o fugitivo havia saído dias antes em direção a Manaus; como houvesse a possibilidade de ter ido de avião ou de barco, os dois colegas decidem separar-se: Carlos Alberto fica com o avião, o narrador cruza a região de barco. Grande parte do conto se passa durante a viagem, cujos incidentes serão tratados nas páginas seguintes. Para concluir o rápido esboço, anoto que durante o trajeto o narrador indaga em três cidades ribeirinhas se lá esteve ou está o procurado: Gurupá, Monte Alegre e Santarém; ele se encontra na quarta localidade, Oriximiná, onde o narrador se detém para assassiná-lo. Então senta-se sob uma árvore, sente um espasmo violento e uma enorme paz encobre as matas e rios no horizonte.

A primeira questão que surge com a fábula do conto é o fato de a violência final não estar esclarecida por nenhuma motivação. Sabemos que o encontro do título é o assassinato, e nesse caso contém um sentido de ironia, mas que nada esclarece quanto aos motivos do crime; da mesma forma que, ao final do conto, não ficamos sabendo como se chamam os dois personagens principais. Portanto, o tema da violência aparece desvinculado de uma motivação explícita: é impossível determinar qual a razão do ato. O leitor está situado no mesmo plano dos personagens fora da organização, ainda que seja cúmplice do narrador e, nesse sentido, saiba mais do que os personagens secundários; mas o segredo da organização deve ser mantido.

A violência aparece como um dado do mundo do narrador, e não traz consigo uma motivação específica: é sua profissão e seu credo. A própria linguagem tende ao registro impessoal, transparente, pois o olhar do narrador funciona como um registro fotográfico; a leitura próxima do texto procurará, contudo, dar conta de uma perspectiva que aparece interessada, se não compromissada. Sendo assim, temos uma narrativa que fala de violência, mas cujo centro de motivação está vazio, ou melhor, encoberto. Se houvesse um motivo explícito que desencadeasse a violência, nosso trabalho seria o de percorrer a trajetória do personagem, procurando os indícios que antecipassem a resolução final, aquilo que ao final do conto estaria esclarecido: nesse sentido, o núcleo iluminaria os indícios anteriores.

Ocorre que esse centro de motivação está encoberto: há uma violência solta no espaço; ou melhor, *presa* ao espaço. Quero dizer com isso que, à medida que o centro conflitivo do conto não possui explicação de motivos, a motivação tem de ser preenchida pelos indícios do trajeto do personagem, de tal forma que – para utilizar a mesma imagem – ao invés de o nó dramático emitir luz à periferia, ilumina-se com a motivação diluída por todo o conto. Dessa forma, o ato de interpretar que o conto requer mostra-se exemplar, pois seu fundamento é dar um sentido ao enigma proposto, sabendo sempre que poderá ser lido de outra forma.

Entre o primeiro parágrafo – a localização do fugitivo – e os dois últimos – a consumação do assassinato –, há uma viagem que se estende pelo Norte do Brasil e por todo o conto, articulando seus dois grandes temas: a viagem – uma forma de conhecimento; e o crime – a eliminação do outro. É preciso refazer o

ROTEIRO PARA UM NARRADOR

trajeto do narrador e situar histórica e socialmente essa violência, empreendendo uma interpretação que, se não esclarece o fugitivo, a violência e a culpa, ao menos *sugere* um sentido; e se, como disse, o narrador é discreto e quase impessoal – até mesmo por força de sua missão –, o autor implícito acaba criando uma rede de sugestões através dos personagens e do espaço social. Também é certo que a violência pode ficar sem explicação no conto, e o tema ser justamente o de sua gratuidade em nosso tempo; entretanto, qual seria a função da viagem do narrador, em que aparecem exemplarmente as entranhas do Brasil? Percorrer o caminho que o narrador percorre significa compreender a situação em que está inserida uma violência que, de resto, nunca é gratuita. Para atravessar o Brasil, o narrador precisa estar motivado por alguma razão: motivo é aquilo que move.

Como poderemos situar essa violência? Quando disse acima que tínhamos dois grandes temas – uma viagem e um crime –, poderia ter dito de outra forma: que temos por cima a narrativa de um crime; e por baixo, o chão histórico e geográfico do Brasil, uma realidade que floresce em todo o conto como a vegetação que preenche a visão do narrador. A viagem que ele faz é uma progressão pela realidade que sentiu e sente há tantos séculos as marcas constantes da espoliação. O narrador atravessa o Brasil e essa travessia é uma aprendizagem: a viagem do conto refaz as pegadas de muitas outras viagens, e refaz também o contexto primordial do narrador, que aprendeu a contar histórias viajando.

Tomando como ponto de partida tratar-se de uma narrativa policial, ocorre uma perfeita identidade entre esse tipo de narrativa e o ato da leitura como forma de investigação, pois a pergunta que ficou sem resposta, pouco antes, seria formulada em dois níveis: num primeiro, pelo detetive que se ocupasse do caso, procurando responder à pergunta: por que o personagem foi assassinado? A mesma pergunta é feita num segundo nível, pelo leitor do conto que se põe a interpretá-lo. Nesse sentido, há identidade de papéis entre o detetive daquele gênero e o leitor, este também empenhado numa investigação. É curioso que a imagem simbiótica de leitor e detetive está, por exemplo, na obra *Bufo & Spallanzani*, quando o delegado Guedes põe-se a ler a obra de Gustavo Flávio, e dá início à investigação que acabará levando ao próprio autor do romance. Mas o conto em questão não é exatamente um conto de detetive, no sentido do conto policial tradicional; trata-se de um tipo particular de narrativa policial, próximo de um conto de espionagem.

Na obra de Rubem Fonseca, aparecem vários modos de conto policial, que poderiam ser classificados da seguinte forma:

a) primeiro aqueles mais tradicionais, em que há um detetive empenhado numa investigação, num mistério, com a dedução e o esclarecimento final; é o tipo de história que vem de Poe, Doyle, Chandler, Simenon etc. Para o caso de Fonseca, fazem parte dessa linha os contos em que quase sempre aparece o personagem Mandrake, incluindo-se aí os romances com ou sem a presença do personagem;

b) um segundo modo é a narrativa policial ambientada no espaço da marginalidade carioca, com a presença de delegados, quadrilhas, punguistas, favelas etc.; nesse caso, incluem-se contos como "A Coleira do Cão", "Livro de Ocorrências" e "Manhã de Sol"; incluem-se também aqueles narrados a partir da visão de um marginal, onde não há necessariamente a presença de detetive, dedução ou mistério: é o caso de "Feliz Ano Novo" e "O Cobrador";

c) num terceiro modo aparece o personagem policial, sem que se possa classificar o conto como policial em todas as letras: ou porque ele é antes de um outro tipo, caso do conto de ficção-científica "O Quarto Selo"; ou porque a presença do policial é secundária na ação, caso do conto "Agruras de um Jovem Escritor";

d) por fim, há o conto em questão, "Encontro no Amazonas", um caso específico de narrativa policial, próxima, como disse, da narrativa de espionagem. Uma diferença básica entre ambas é que, na primeira, o detetive é um espião da vida particular de uma família burguesa; na segunda, é espião de uma organização ou de segredos de Estado. As distinções acima não obedecem a nenhuma tipologia consagrada do gênero: a intenção ao estabelecer tais diferenças é, sobretudo, mencionar a grande importância que tem o policial na obra do autor, como também atentar para o fato de que, ao mudar a forma do conto policial, pode mudar a posição ou a visão do narrador.

O nome do conto que estamos lendo fala de um fato decisivo passado numa região "estranha" para o leitor, o que aumenta a carga de mistério e solidão do personagem perdido num lugar "desconhecido". Um caso singular nesse sentido é, por exemplo, o conto de Dashiell Hammett, "Assassinato em Farewell", um título similar ao do conto de Fonseca. A narrativa de Hammett se inicia com um parágrafo de uma única frase:

Fui o único a saltar do trem em Farewell[9].

O silêncio fala muito na frase: o fato de ninguém mais descer do trem sugere ao leitor o desamparo do detetive na plataforma da estação, como se todos os passageiros estivessem alertados do caso. Sugere também, por correlação, a atmosfera sinistra da cidade que oculta o crime.

9.   Dashiell Hammett, *A Ferradura Dourada*, trad. Ruy Jungmann, Rio de Janeiro, Record, s. d., p. 229; no original, *The Continental Op*, Vintage Books, p. 273.

Aqueles dados do título – um acontecimento decisivo, um lugar "estrangeiro" ou "estranho" – são muito comuns no gênero. Isso já nos fornece um primeiro índice de interpretação da narrativa: o lugar referido – o Amazonas – é o espaço a um tempo privilegiado como símbolo de um acontecimento importante, e distante do lugar de onde fala o autor implícito. E se pensarmos numa obra como *Nosso Homem em Havana*, por exemplo, surge um terceiro índice: a presença de uma organização às voltas com sua missão, em geral representando os interesses do Estado. No conto de Fonseca, logo de início há referência a essa característica: "Carlos Alberto estava há pouco tempo com a gente. Era ainda muito jovem, mas muito aplicado". Ou mais adiante: "Ele também tinha a sua missão". Desse modo, a violência do conto começa a ganhar implicações históricas, à medida que o narrador-assassino pode estar ligado a interesses do Estado, sendo uma espécie de agente da polícia secreta, ligado – naquele contexto – a grupos para-militares; nesse caso, ocorre uma forte sugestão quanto à figura do estrangeiro, como membro de um grupo de guerrilha.

A par dos traços de espionagem, o conto mantém uma longínqua ligação com a narrativa de aventuras marítimas, já que se passa, quase totalmente, durante uma viagem fluvial. Antes, porém, de apontar a causa dessa possível filiação, é preciso buscar a confluência entre aquelas duas ordens de elementos: o argumento propriamente dito, ou seja, os "motivos associados" que formam a espinha dorsal do enredo e que ficam sem explicação ao final do conto; e o tecido narrativo, isto é, todos os "motivos livres" que compareçam ao conto durante o percurso do personagem. Relacionar o movimento da narrativa com o espaço-tempo em que está inserida.

ROTEIRO PARA UM NARRADOR

Os protagonistas

Em "Os Assassinos", de Ernest Hemingway, conto de tema semelhante, dois homens querem matar um terceiro, e para isso ficam todo o tempo esperando por ele numa lanchonete. O brutalismo da narrativa é dado pela certeza da violência, bem como pelo comportamento dos dois homens no espaço do bar. O conto concentra-se em poucas cenas, poucos personagens, com tempo e espaço reduzidos; é um acidente qualquer numa lanchonete. No conto de Fonseca, porém, entre a primeira e a última linha, existem a geografia e a história do Brasil, que se vão configurando de forma metonímica. A dilatação do espaço ocorre logo de saída, no primeiro parágrafo, como se o conto – a perseguição – tivesse começado bem antes: "Soubemos que ele havia se deslocado de Corumbá para Belém, via Brasília, de ônibus. De tanto andar atrás dele eu já sabia que tipo de pessoa ele era." E logo a seguir: "Ele havia entrado pela fronteira da Argentina e estava subindo para o norte. Sabíamos que chegara a Brasília e dali viera para Belém de ônibus, varando, só nesta etapa, mil novecentos e um quilômetros de estrada."

Quando começa o conto, portanto, depois de informar em poucas linhas – de forma panorâmica – os movimentos em largas passadas do fugitivo, o narrador abre o terceiro parágrafo com uma cena em detalhe:

"Ele ficou um tempão olhando os peixes. Tinha um caderno grosso cheio de anotações", disse o homem do aquário.

"Se isso foi anteontem é possível que ele ainda esteja por aqui", disse Carlos Alberto.

Ou seja, depois de o narrador informar resumidamente o percurso do fugitivo e situá-lo finalmente em Belém, o parágrafo seguinte se abre *in medias res*, com os perseguidores já nos calcanhares do perseguido. Com sua concentração em torno de um ato decisivo, o conto aproxima-se da tensão do drama ao situar o leitor diante de um acontecimento prestes a consumar-se, no momento em que um destino começa a cumprir-se.

Para iniciar o trabalho de ligação entre os dois planos – a fábula e a trama –, o primeiro dado de contexto a considerar é o local de desenlace da situação: o Amazonas. Qualquer que fosse esse local, seria mais do que um simples acidente geográfico; e por ser o Amazonas, pode-se deduzir que se trata de uma forma de busca das origens do Brasil, o lugar mais recôndito do país, que tivesse sido resguardado dos interesses predatórios, e onde a consciência pudesse encontrar águas presumivelmente puras. Dirigir-se ao Amazonas é dirigir-se ao coração do Brasil; como na novela marítima de Joseph Conrad – citação obrigatória para Fonseca –, o crime que se irá cometer está alojado na selva colonizada, impenetrável e obscura, no coração das trevas.

A narrativa de aventuras está relacionada aos relatos de viagem; no caso desse conto, a situação ganha um sentido de palimpsesto, pois o Brasil foi descoberto por essa literatura: primeiro pelos viajantes estrangeiros; depois pelos "descobridores" que criaram os momentos mais marcantes da literatura que se ocupou com o homem do interior: Alencar, Euclides, Mário, Graciliano, José Lins, Rosa, Callado e outros. O conto também redescobre o Brasil, ao refazer o mesmo percurso, o que relativiza a imagem da cidade – não do narrador – que se depreende da obra de Fonseca. Entretanto, o conto é uma paródia às narrativas de aventuras, pois é uma anti-aventura, à medida que desde a saída o narrador não tem dúvidas quanto ao que vai encontrar pela frente.

Antes de iniciar-se a viagem até o rio Amazonas, ficamos sabendo de alguns dados que se ligam entre si: por exemplo, o homem perseguido vem de fora; traça uma linha divisória no centro do Brasil, de fronteira a fronteira, através daquelas três cidades referidas de saída: Corumbá, Brasília e Belém. Mas o mais importante é que ele veio de dois outros países sulamericanos, onde igualmente fora cumprir sua missão: Argentina e Paraguai. Dessa forma, um outro índice vem fornecer pistas dessa estranha figura: para sua missão os países do Sul têm todos o mesmo destino. Além disso, nos é dada uma informação insólita a seu respeito, ou seja, seu interesse por igrejas e museus; tanto é assim que, ao chegar ao museu Goeldi, o funcionário diz que ele ficara "um tempão" fazendo anotações.

Com isso, o estrangeiro reproduz um traço que caracteriza historicamente os inúmeros viajantes que aqui estiveram com expedições colonizadoras: o interesse pela paisagem brasileira, interesse científico alojado nos objetivos exploradores dos países de origem. Mas a figura do estrangeiro é ambígua porque, se por um lado se aproxima de outros estrangeiros do conto, como veremos, por outro não tem a mesma implicação; observe-se também que, logo a seguir, o narrador fará questão de notar que a "devastação do Brasil" começava pelo pai da garota de Macapá.

Em confronto com a figura do estrangeiro, há os personagens nativos: o narrador e Carlos Alberto. Os dois aparecem quase destituídos de traços biográficos; pouco se diz de Carlos Alberto, mas o suficiente para lançar um facho de luz em sua história: havia sido criado num asilo e não conhecera a mãe; por isso vivia à procura dela, ou melhor, à procura da mulher que escolheria para mãe. Estando na Zona Franca, telefona ao narrador e diz que não a encontrou, pois lá só tem "burguesa nojenta de short, paulistas e cariocas e paranaenses e gaúchas, olhando pra vitrine de loja de importados"; assim, a questão da origem do personagem se reflete na geografia à sua volta. De certa forma, o problema da origem é também o da garota Dorinha, com quem o narra-

ROTEIRO PARA UM NARRADOR

dor trava conhecimento em Belém, que se diz ovelha negra e cujo pai é comerciante de madeiras. Penso haver um rebaixamento na alteração de seu nome para "Dorzinha", algo como dizer da insignificância da dor de uma "ovelha negra" que vive das mesadas do pai capitalista, "um dos que estavam devastando o Brasil".

Como tivesse de ficar uma semana em Belém, o narrador vai até o museu Goeldi visitar os animais; chega antes do horário de visitação pública e, por isso, consegue senti-los como seres desprovidos de liberdade e próximos da dizimação. A visita fora de hora rompe a encenação preparada para o horário de serviço, surpreende a degradação que não é percebida pelo olhar automatizado do público. O narrador vai à jaula do macaco e compara seu destino ao destino do animal à sua frente: "Suas mãos eram parecidas com as minhas. O rosto e o olhar do macaco tinham um ar de desilusão e derrota, de quem perdeu a capacidade de resistir e sonhar." Logo depois conhecerá a garota que se diz "ovelha negra":

Seus olhos eram de um verde esmaecido. Com o seu olhar ansioso e o rosto pequeno ela parecia o macaco triste do Goeldi.
"Também sou uma ovelha negra", eu disse.

Antes de começar a viagem de perseguição, estamos sabendo de alguns fatos bastante insólitos para uma narrativa policial: ao contrário do agente caricatural que a literatura de mercado criou, o narrador de nosso conto mostra-se derrotado de saída, e cria uma situação inesperada: mesmo que chegue a realizar sua missão – ou talvez por isso –, num outro plano sabe que, como os macacos, está sujeito a alguma forma de prisão; e como as "ovelhas negras", sujeito à solidão e à culpa. Junto a isso, a ausência de laços afetivos: "Juramentos não valem nada. Os meus menos ainda", diz ele ao se despedir de Dorinha.

184

A viagem

Começa a viagem rio acima. No navio Pedro Teixeira há uma divisão nítida entre duas classes de passageiros: a terceira classe, alojada no convés da popa, composta de habitantes do Norte e Nordeste do Brasil, cujo amontoado lembra ao narrador duas imagens absolutamente contextualizadas: uma réstia de cebola e uma flor do fundo do mar; e a primeira classe, quase por completo formada por pessoas de outras regiões, alguns estrangeiros. Ao apontar a separação entre os passageiros, o narrador faz observações importantes por situarem-no diante da exploração a que assiste: a primeira refere-se à herança de miséria herdada pelos nordestinos e nortistas do navio, cuja exploração do trabalho é secularmente repetida e aceita; a segunda, a de que a exploração a que estão submetidas as terceiras classes – "como se fosse uma doença contagiosa" – acaba por incomodar o narrador: "Eu me irritava com aquela gente suportando tanta humilhação e sofrimento".

Percebe-se sua atitude diante da realidade que se vai configurando à medida que a busca é empreendida: pela identificação com os animais presos e em via de extinção, pela biografia seqüestrada do companheiro, pela "longa história" chamada Zona Franca, pela identificação com a garota "rebelde" cujo pai é um dos devastadores do Brasil, e finalmente pelo impulso de irritação diante da pobreza letárgica, o narrador situa-se de modo crítico, interessado, diante da realidade que vai se descobrindo à sua frente, marcada por diferentes formas de espoliação.

Os passageiros da primeira classe somam cem pessoas; na mesa do narrador, eles são dez: desse modo, os personagens formam um grupo metonímico em relação à totalidade dessa classe. É necessário conhecer os companheiros de viagem do narrador, pois alguns são particularmente importantes para nossa leitura:

duas turistas pernambucanas; o casal de suíços; Moacyr e Maria de Lurdes, o casal brasileiro; o advogado goiano Ezir; Evandro, o funcionário do Ministério das Relações Exteriores; e Alencar, o funcionário aposentado do governo do Pará.

Cada um dos mais importantes entra em contato com o narrador num momento diferente; as duas turistas aparecem rapidamente na sua mistura de consumo e inconseqüência; logo depois, quem se apresenta é o advogado Ezir, goianiense em mudança a Parintins, para onde pretendia fugir da concorrência profissional:

> "Lá só tem um juiz, um promotor e um advogado. Não adianta ficar em Goiânia, a concorrência é muita".
>
> O nome dele era Ezir. No dedo anular da mão esquerda exibia um enorme anel de grau com pedra vermelha.

Quando o narrador entra em contato com esse personagem, já viu o bastante de uma realidade marcada pela miséria, em que as relações de poder passam longe das artimanhas do judiciário; a exploração é dada como fato que marca a vida dos habitantes sem apelação. Entretanto, a figura desse doutor é recorrente na literatura brasileira e na história da região: basta lembrar, por exemplo, a cena quase final do romance de Rachel de Queiroz, *O Quinze*, um dos primeiros livros a denunciar a situação regional na fase crítica do romance de 30: "O dedo gordo do moço se espetou no ar, e o anel de grau relampejou amarelo, à claridade da lâmpada."[10] A geografia política e econômica manteve-se praticamente a mesma do romance para o conto, a mesma linguagem "enigmática" convivendo com o poder e a opressão. Essa

---

10. Rachel de Queiroz, *O Quinze*, 15. ed. Rio de Janeiro, José Olympio, 1972, p. 136.

persistência dá o tom ridículo e fora de moda ao anel do personagem do conto, em cujo nome ressoa o brilho da figura: *Ezir, exibir, luzir.*

A relação que a figura do advogado estabelece entre o poder e os miseráveis é virada ao avesso pela presença de um outro personagem, que expõe a nu o verdadeiro sentido dessa relação: o matador profissional. Este último aparece no meio da viagem, entre os passageiros da terceira classe:

"O grosso do povo é gente indo visitar a família. Mas tem também alguns marretas, que vendem de tudo, lavradores se mudando, muambeiras, um pistoleiro procurando ares mais frescos", disse o taifeiro J. M. Diariamente eu dava uma gorjeta para ele.

"Me mostra o pistoleiro", pedi.

Era um homem magro e pálido, de bigodinho fino, uns quarenta anos. Matador ordinário.

"Pistoleiro de quem?"

"De quem pagar. Não tem patrão. Trabalha por empreitada pros coronéis e comerciantes da região".

Contudo, interessa bem mais a situação dos outros personagens do grupo, com quem o narrador estabelece maiores relações e cujas falas criam no texto implicações ideológicas maiores. Entre eles, há o funcionário ministerial que, ao conversar com o narrador, amplia o campo de interesse que envolve a região que atravessam:

Durante o café, Evandro, o sujeito da Comissão de Limites e Fronteiras, me disse que havíamos passado por Almerim.

"Ali, onde você vê aquela torre de microondas da Embratel, é a Serra da Velha Pobre. Aquelas árvores de copas amarelas são pau d'arco, dobram o gume de qualquer machado."

"Está vendo lá longe?", continuou Evandro. "São as terras do Jari. Um mundo. Cabem três Franças aí nesse mato. Tudo dum americano maluco, o Ludwig."

Evandro me olhou, de maneira suspicaz. Ou seria tudo invenção da minha mente treinada para desconfiar? Que resposta ele estaria esperando?

"Esse Brasil é grande", eu disse.

O discurso de Evandro parece oscilar entre a notação de tom ufanista – dos paus d'arco que "dobram o gume de qualquer machado" – e a malícia da notação seguinte, ao referir-se às terras do Jari, uma cena contemporânea da "longa história" de conivência entre governos brasileiros – no conto, os militares – e grupos estrangeiros. Pelo diálogo que se estabelece entre os dois, fica clara a possibilidade de o narrador comprometer-se com a resposta que tinha em mente; ou seria tudo invenção de sua mente *treinada para desconfiar*? A fim de se esquivar, torna-se evasivo.

As observações de Evandro estabelecem um elo entre duas realidades brasileiras: o progresso comprado pelo governo nas décadas de 60 e 70 convive com as possessões de grupos norte-americanos que sempre andaram de mãos dadas com os favorecimentos oficiais. A malícia do funcionário transparece no tom amistoso com que trata a questão, substituindo o peso do favorecimento pela idéia do "americano maluco". Curiosamente, o personagem é responsável pelas questões de limites e fronteiras...

O outro funcionário público presente no grupo é Alencar, aposentado pelo governo do Pará; mas no caso desse personagem a situação é outra. Ele vem ao primeiro plano da cena no trajeto anterior à última parada, quando o conto chega ao seu clímax. É nessa cena que aparece também o casal do executivo suíço. A cena abre-se com um forte e significativo contraste: quando começa o último dia de viagem para o narrador, o navio deixa as "águas limpas" do Tapajós e adentra as "barrentas águas-mãe" do Amazonas. A turvação advém da força arrasadora do leito do rio; quanto mais o conto caminha para o interior da selva, mais se aproxima de uma água turva, de fatos turvos e, ao mesmo tempo, da cena do crime.

É nesse momento *crucial* da ação e do espaço que se dá o diálogo em que aparece uma tensão entre os passageiros da primeira classe, quando o suíço pergunta quem foi Pedro Teixeira, e o funcionário aposentado e calado – de nome Alencar – fala da conquista do explorador português. Com isso, o tempo regride ao início de nossa história: dirigir-se ao espaço supostamente original é retornar a um tempo também supostamente original e reviver – refazendo o mesmo rito – o sentido da História na história. Depois da breve narrativa de Alencar – ironizada discretamente pelo suíço –, anota o narrador:

O suíço curvou-se sobre o seu prato de arroz com feijão, disfarçando um sorriso irônico. Eram histórias pitorescas para contar quando voltasse a São Paulo, onde trabalhava numa multinacional. E mais tarde na Suíça, ao mostrar os seus slides, falaria do delírio nacionalista de mestiços miseráveis de dentes cariados.

A breve narrativa destaca-se de todos os diálogos do conto: é a fala de um funcionário aposentado, chamado Alencar, e único habitante da região entre os dez. O nome do personagem chama atenção de imediato, por ser homônimo de um dos escritores centrais na formação da literatura brasileira; acrescento de passagem que, por mais inusitado que possa parecer, Alencar é citado algumas vezes nos contos de Fonseca. Essa idéia de passado, de realidade que perdeu seu lugar – e por isso risível –, como o macaco derrotado que agora habita o museu em vez da selva, aparece também em duas situações que caracterizam o funcionário: no fato de ser calado e tímido e no fato de estar aposentado. A última situação por si só fala em abandono, pelo descaso a que está submetido esse segmento social – leia-se o conto "Onze de Maio" -; a aposentadoria foi, inclusive, um instrumento utilizado pelos governos militares para fazer calar grupos da inteligência em nosso país. Mas de repente o velho funcionário fala, e com sua fala o conto resgata memória e consciência.

Evandro, Alencar e o narrador estabelecem uma relação triádica, por uma possível ligação oficial – nos dois primeiros explícita – e por uma reação incomodada – por isso comprometida – diante da situação social e política, mais ou menos nos seguintes termos: a fala de Evandro, na primeira cena, parece ser uma mistura de leviandade e malícia; ao comentar o discurso de tom grave de Alencar, sua intervenção – "Para que mais? A gente já não dá conta do que tem" – aparece agora modulada por certo desprezo ou sarcasmo em relação à situação do país. A fala de Alencar é claramente ressentida, também ele mostrando descontentamento com a situação do país. As duas antecedem a terceira fala, a do narrador; essa é a mais grave, pois o comprometimento pode ser maior do que o dos dois burocratas, além de uma consciência maior da situação; se há sarcasmo e leviandade no primeiro, se o segundo mostra um ressentimento algo ingênuo, a atitude do terceiro se traduzirá num subterrâneo sentimento de culpa, sentindo-se ou sendo *agente* daquela situação. Assim, existe uma cumplicidade do narrador para com Evandro e uma identificação afetiva ou provavelmente ideológica com esse nacionalismo mais emotivo que crítico de Alencar; a reticência do narrador casa-se com o segredo de sua missão e a confirma, talvez.

Também ocorre de algum modo uma identificação, ou melhor, uma aproximação entre o estrangeiro procurado, o suíço do barco e a figura histórica do naturalista Goeldi, também suíço, que dá nome ao museu. A primeira cena em que aparece o fugitivo – de quem não se conhece a origem, mas cujos traços o aproximam dos outros dois – se dá no museu de Belém, em que o sujeito ficara olhando e fazendo anotações como um naturalista obcecado pela riqueza da região; é no museu, e nessa situação, que começa o conto. Mais adiante, ao passar por um trecho especialmente belo da floresta, diz o narrador:

> O que teria ele pensado ao passar por ali? Teria feito anotações no seu livro grosso? De onde ele vinha não havia nada igual.
> Excitados os suíços fotografavam sem parar. "Já bati mais de mil fotos", disse o suíço, tentando dar um tom modesto à sua declaração.

Agora o fugitivo é aproximado ao turista que sobe o rio de barco; entretanto, a aproximação pela origem aparentemente comum dos três não encobre as distinções e implicações históricas: contraposto ao respeito pelo primeiro – tentando imaginar o que ele teria pensado ao passar por ali –, há o desprezo pelo turista, consumidor, executivo de uma multinacional, que, ao voltar à Suíça, "falaria do delírio nacionalista de mestiços miseráveis de dentes cariados". Ao encontrar o fugitivo ao final do conto, este se mostrará integrado à paisagem e à cultura nativa, distinto da situação e implicação histórica do outro: "Era uma casa pequena de alvenaria, que ficava no alto, com duas janelas pequenas pintadas de azul-ferrete. Era ali que ele havia se escondido do mundo, comendo frutas e peixes e sentindo a força da natureza."

O encontro

Quando se dá a seqüência com a narrativa de Alencar, o navio está chegando à sua última escala, na cidade de Oriximiná;

assim como o lugar decisivo do encontro tem nome indígena, outros nomes de mesma origem voltam à nossa memória, pois comparecem ao conto em vários momentos, sem contudo encontrar-se a figura de um único índio. Não só o rio que subiam chama-se Tocantins, como um dos dois rios cujas fozes são vistas da cidade de Oriximiná também tem nome indígena, Nhamundá, além das inúmeras espécies de peixes, sem que apareça, como foi dito, a figura de um único índio. Essa observação importa para situar o discurso de Alencar, pois as "conquistas de nossos antepassados" também se chamaram dizimação.

Logo depois da conversa de Alencar, tem início a cena de adultério de Maria de Lurdes, que por sua vez é a última cena do narrador antes do encontro com o estrangeiro. Que relação pode haver entre a situação do casal e a situação de miséria que vai se configurando? O certo é que estão todos no mesmo barco; e a posição de contigüidade é ostensiva demais para não criar alguma relação. O casal estava em crise desde o início da viagem, e é próximo do local do encontro que se dá a consumação do adultério. A cena começa no parágrafo imediatamente posterior à ironia do industrial suíço: "'Quinze dias de casada e já o odeio', disse Maria de Lurdes." E depois de consumado o adultério com o narrador, ela decide abandonar o marido nesses termos: "'Não quero mais saber de Moacyr. Vive bêbedo. Além disso me enganou, não tem mais um tostão.'" As notações da embriaguez constante do marido, da leviandade da mulher, da relação permeada pelo interesse do dinheiro falam de uma degradação que se acha em acordo com inúmeros índices de "turvação" que percorrem o conto, quanto mais se aproximam das "águas barrentas" da "mãe de todas as águas doces".

Ao localizar o esconderijo do estrangeiro, o narrador deixa a companhia dos demais viajantes para viver o seu caso particular, cuja violência pode não estar divorciada da trajetória comum dos passageiros. O encontro do fugitivo se dá com a ajuda do garoto que lhe fornece alimentos:

Desembarquei. Fiz a pergunta de rotina a um menino com um cesto de mamões.

O menino o havia visto. Sua resposta fez o meu coração bater apressado.

"Vendo mamões e peixes para ele todos os dias. Mora numa casa lá em cima. Hoje de manhã já levei um pirambucu para ele".

Pedi ao menino que me mostrasse a casa.

A seqüência final se abre com uma mistura de traição e inocência, pois o menino é induzido pelo narrador a transformar-se em delator. O narrador marginal do conto vem vivendo o tempo todo várias formas de oposição: primeira e terceira classes, nativos e estrangeiros, águas limpas e barrentas, pássaros e máquinas fotográficas, até atingir na figura do menino, do fugitivo e de si próprio a mistura de culpa e inocência. A cena do assassinato fala da duplicidade, agora, do fugitivo:

Ele parecia ser ainda mais alto do que os dois metros e trinta que diziam ser a sua altura. E sua cabeça era ainda mais branca, seus cabelos resplandeciam na sombra.

Eu queria ouvir a sua voz.

"Bom dia", eu disse, abrindo minha bolsa.

"Bom dia", respondeu.

Estendeu a mão, quando viu o revólver com silenciador apontado para ele, num gesto de paz.

"Não", ele disse. Não tinha sotaque, nem medo. Era uma voz fria. Seus olhos muito azuis me deram uma rápida e dolorosa impressão de que ele era inocente. Atirei duas vezes.

Depois de consumado o crime, o narrador apanha *o livro de anotações e todos os papéis* do morto; senta-se sob uma árvore e contempla "as águas azuis do Trombetas e do Nhamundá iluminadas pelo sol poente, encontrando-se, no meio da floresta imensa, com as águas douradas do Amazonas". Mas, de repente, "meu corpo se contraiu num espasmo violento e parei de respirar, sufocado no meio de todo aquele ar. Depois passei a tremer convulsivamente e a respirar uivando como um animal em agonia". E o conto se fecha com a epifania do final de tarde.

O misterioso perseguido vem o tempo todo envolto em ambigüidade: o silêncio proposital do narrador acerca dos motivos que o levam ao assassinato faz ressaltar a duplicidade de culpa e inocência que o fugitivo vive; diria mesmo que, pelo silêncio que o cerca, o fugitivo ganha um ar misterioso de alegoria.

Ao encontrar-se com o estrangeiro pela primeira e última vez, o narrador confirma a imagem estranha que tinha do outro: sua altura descomunal, seus cabelos brancos que resplandeciam na sombra, seus olhos muito azuis. Ao descrevê-lo a uma garota ribeirinha, ela o havia chamado de "assombração"; um outro ribeirinho, ao vê-lo na amurada do navio, "sozinho, imóvel", pensou tratar-se de "um boneco"; sendo assim, visto de longe ou visto pelo olhar interessado do perseguidor, aquele estrangeiro encarna mais uma forma grotesca no conto de Rubem Fonseca, aparecendo como um espantalho, uma espécie de encarnação do Mal, cercado de pavor e perseguido de modo *encarniçado*. Entretanto, a imagem estranha, estrangeira, nada tinha do pavor no qual a figura estava envolta durante o conto – nem sequer a voz tinha sotaque –; note-se também que ele convive com o garoto, que não vê no outro qualquer estranheza. Ao defrontar-se com ele – e antes de executá-lo diante de seu "gesto de paz" –, o narrador o vê através dos olhos, para além da figura criada pela organização, e tem "uma rápida e dolorosa impressão de que ele era inocente".

Na verdade, mais do que "impressão" de que ele era inocente, o narrador e o estrangeiro curiosamente se aproximam durante o conto através de alguns fatos, de tal maneira que, ao final, o estrangeiro é estranho e também familiar, numa identificação quase completa, desde o início quando ambos ficam "um tempão" diante dos animais. Não é estranho que ele trate, a certa altura, o fugitivo de "um velho amigo", acrescentando: "Eu podia chamá-lo assim. Nunca o tinha encontrado, mas sabia tudo dele." Só lhe faltava a voz do outro: era preciso ouvi-la; e, ao falar, o outro aparece vivo na sua alteridade e na sua verdade, de tal forma que voz e olhos têm um caráter de revelação: o outro aparece por inteiro e, ao revelar-se, revela o narrador a si mesmo. Observe-se que o conto não se chama *assassinato* e, sim, *encontro* no Amazonas. O título, ainda que irônico, ou por isso mesmo, dá ao fato ocorrido (o assassinato) um caráter de revelação; e assim como o narrador tem a impressão de que o fugitivo era inocente, necessariamente sente-se culpado. Mais do que estrangeiro, o fugitivo é estranho; mais que estranho, é um Outro para o narrador. Quanto à sugestão do início para a figura desse Outro, não é desproposital ao livro *O Cobrador* que ele seja o Outro revolucionário: no conto "Mandrake", o detetive que se define como "um homem que perdeu a inocência" está sendo ameaçado pelo delegado "famoso no país inteiro", e narra o diálogo nesses termos:

Não sei o que estou fazendo aqui, sou corrupto, não sou subversivo. Era outra piada.

Você não é uma coisa nem outra, Pacheco disse com voz cansada, mas não seria difícil provar que é as duas coisas[11].

A dizimação – motivo recorrente no conto – atinge a própria figura do fugitivo, também ele vítima de uma caçada (humana)

---

11. *O Cobrador*, pp. 93 e 108.

no meio da floresta. E sua morte se compõe com a situação que o rodeia, feita de corrupção política, devastação e violência social.

O final do conto que estamos lendo guarda muita semelhança com o final do conto "O Outro", do livro *Feliz Ano Novo*. Lá havia um sentimento indisfarçável de culpa, de responsabilidade pela miséria do outro, que aparecia de forma amedrontadora para o narrador; aqui, num final idêntico, parece intensificar-se o sentimento de culpa, pois a dimensão histórica dessa culpa é dada de modo muito mais denso, carregada de um sentido que se faz de mistério e miséria. A representação esquálida de antes enche-se agora de uma matéria que atinge a situação histórica do país naquele momento, e que se traduz de forma contundente na confissão do narrador: "Eu havia estado em Manaus logo nos primeiros anos da Zona Franca [...] Fui para a cama com uma prostituta de quatorze anos, que tinha dentes postiços"; uma imagem que um leitor do final dos anos de 70 – época da publicação do livro – se sentiria tentado a ler alegoricamente...

O narrador fala dos "primeiros anos" da Zona Franca e da perda da "capacidade de resistir e sonhar"; sendo assim, mais do que ser viagem inaugural, é uma viagem que encerra uma história já consumada; a dúvida do narrador pode ser de agora, mas o desencanto vem de antes; e a viagem justifica pela última vez o desencanto. Disse páginas atrás que se tratava de uma paródia à narrativa de aventuras, pois essa se caracteriza pela conquista de um espaço; no conto, o espaço onde se desenvolve sua trama está ocupado por sacolas de consumidores.

Não é só Carlos Alberto que não tem origem: ao afastar-se o navio, o narrador lamenta o desaparecimento de seus "companheiros", pois sua "profissão" seqüestra a identidade e os laços afetivos. "Juramentos não valem nada, os meus menos ainda", havia ele prevenido anteriormente. Essa ironia – num nível mais amplo – é a mesma que minou por completo os valores do narrador moderno, depois de ter minado suas certezas: "Neste mundo, os seres humanos tendem a tornar-se objetos sem alma entre objetos sem alma, entes 'estrangeiros', solitários, sem comunicação".[12] Ainda assim, a ironia desencantada não esconde o sentimento de culpa e, por isso, de compromisso; pela mágica da palavra poética, que ao nomear ilumina a caótica realidade, o assassino-narrador do conto converte-se, por força do ofício – de viajar, de narrar –, em testemunha de uma história que é também a do leitor.

A consciência histórica

Dentre as várias possibilidades de comentário que *O Cobrador* suscita, é possível seguir a conclusão da leitura de "Encontro no Amazonas" e perceber dois fatos no livro: a recuperação da história brasileira em vários contos; e a presença de uma marginalidade revolucionária, vivida como descrença e culpa.

O conto faz um movimento contrário em relação ao comentado "A Matéria do Sonho": no último livro, há uma volta para o espaço rural; a situação do rapaz interiorano agora aparece recuperada e desvendada para a consciência narradora, que sai da metrópole internacionalizada para descobrir o outro preço pago. Há na obra um protesto contra a dizimação e devastação, agora dadas como conivência oficial, transformando tudo em mercado. A miséria do campo aparece assim como um duplo da miséria da cidade, da mesma forma que o animal em extinção aparece como o avesso do corpo "produzido".

O livro de 1975 era o que mais se aproximava da literatura jornalística dos anos de 70, ainda que a aproximação não se

---

12. Anatol Rosenfeld, "Reflexões sobre o Romance Moderno", *Texto/Contexto*, ed. cit., p. 94.

fizesse de maneira irrestrita, sem mediações, o que dava força ao livro. Nesse último, entretanto, a mediação se torna muito maior, bem mais trabalhada; na verdade, mesmo a literatura que naqueles anos buscava dizer o fato bruto, tinha o desejo da transcendência, o que implicava um olhar pensante por trás do narrador, resultando numa representação alegórica. Davi Arrigucci Jr. propõe a questão nesses termos:

> Mas ao mesmo tempo há um impulso realista. A minha intenção era mostrar que há uma vontade de dizer o particular concreto, de não apenas submergir na singularidade. Todos estes três livros [*Cabeça de Papel*, *Lúcio Flávio*, *Reflexos do Baile*] têm uma vontade de dizer o que é a totalidade, eles não têm a vontade de naufragar no singular. Pelo contrário, eles têm a vontade da transcendência. Por isso eles são alegóricos[13].

Há no Fonseca desse último livro justamente essas constantes: por mais que a realidade lhe ofereça fatos brutos todo o tempo, através do trabalho de linguagem muito consciente – paródia, recriação de formas etc. –, o autor procura resgatar um sentido mais amplo que há nesses fatos, dos quais ele não se aproximou o suficiente para ficar no "romance-reportagem"; mas, também, não se afastou o suficiente para que a "transcendência" se diluísse no dualismo metafísico do particular/universal. É antes a busca de uma compreensão historicizada da situação a que chegou o homem no Brasil dos anos de 70, e que, por certo, será uma compreensão limitada pela rede de relações ilimitadas que o capital estabelece, como diz o próprio crítico.[14] Por tudo isso,

13. Davi Arrigucci Jr., "Jornal, Realismo, Alegoria: o Romance Brasileiro Recente", *Achados e Perdidos*, São Paulo, Polis, 1979, p. 95.
14. Cf. Davi Arrigucci Jr., *op. cit.*, p. 95.

parece significativo que a alegoria no autor seja desentranhada do fato concreto e brutal, dando ao narrado um conteúdo denso de representação.

A formulação de Arrigucci – ao se referir à tentativa da literatura do período em conciliar alegoria e realismo, "impulso realista e procedimento alegórico"[15] – é estratégica para entender a ficção de Rubem Fonseca. O que há de melhor no autor é justamente o conto em que ele cria uma base realista à qual se prendem ou de onde se elevam traços alegóricos, dando ao leitor uma idéia de totalidade urgente, que não pode descansar na organicidade do simbólico: o que está dentro, pronto para significar, ele tem pressa em trazer ao leitor. Essa pressa é a vontade de dizer o "particular concreto", sem naufragar na "singularidade".

Se tivesse de apontar um outro antecedente na obra do autor para "Encontro no Amazonas", escolheria "O Quarto Selo (Fragmento)", texto que a antologia de Alfredo Bosi divulgou com o título de "O Exterminador". Há várias semelhanças entre os dois contos: em ambos o perseguidor pertence a uma organização, nos dois casos não se sabe o motivo da perseguição etc.; contudo, interessa-me apenas um traço comum, que mostrará também a grande diferença entre ambos. O conto do livro de 1969 e esse último preocupam-se com o Brasil por inteiro, e não apenas a cidade industrializada; ocorre que a forma de representação muda radicalmente de um para outro: o primeiro é quase totalmente alegórico; o segundo incorpora uma densa camada de historicidade, e dá a motivos semelhantes um maior peso de representação.

Em função disso, de "O Quarto Selo" para "Encontro no Amazonas" há uma mudança no modo alegórico: de uma alegoria de significação quase que direta, no primeiro caso, em que o

15. *Id., ibid.*, p. 98.

foco narrativo está apontado ao futuro e fala do extermínio de todos, para outra de significação oculta, no segundo, em que o narrador se dirije ao passado e busca desenhar a história que gerou a miséria, naquela mescla de realismo e alegoria referida acima.[16] Pensar o passado, aqui, é um ganho dessa consciência, pois significa tentar compreender a complexidade das condições que determinaram o trajeto.

Na verdade, em todo o livro *O Cobrador*, a alegoria não aparece mais restrita à representação esquálida e cerebral dos contos de livros anteriores; nesse último, ela é preenchida por uma base de notações simbolizadas: comparem-se, por exemplo, dois contos que tenham como personagem central um jovem artista, casos de "Agruras", de *Feliz Ano Novo*; e de "H. M. S. Cormorant em Paranaguá", do último livro, ambos falando em "alienação". Ou então observe-se o caso de "Onze de Maio", em que o aposentado-narrador é significativamente professor de história, o que demonstra a disposição do autor para a fonte caudalosa da mimese.

Aquele tempo tematizado no primeiro livro, individual e solitário, transformou-se em tempo coletivo, decorrente da caminhada que o personagem central viveu nos cinco livros. Como se viu no último conto lido, ampliou-se o tempo como também o espaço, de tal forma que se completa o trajeto realizado em três níveis de interação corpo-espaço: no início, uma constante presença do espaço recluso do quarto; depois, o corpo perdido no anonimato da cidade; por fim, viajando e "descobrindo" o país, para viver o anonimato histórico. Em todos os contos, as mesmas formas de marginalidade, que denunciam a sociedade a contrapelo, pois é sempre um excluído, ora revertendo a violên-

---

16. A respeito da alegoria em *O Cobrador*, ver os comentários de Luiz Costa Lima no ensaio citado.

cia que o atinge e se transformando no justiceiro-terrorista, ora sentindo-se responsável por ela. Seu caminho continua sendo a marginalidade, uma individualidade extremada, em que a determinação concreta do social aparece cada vez mais, buscando de algum modo superar o sentimento de morte dos primeiros livros, nessa preocupação com o outro.

Outros exemplos da trajetória: "Pierrô da Caverna" é a história de um escritor cinqüentão e seu relacionamento com uma menina de doze anos; o conto tematiza a questão da culpa do intelectual: o narrador está em crise de criação, tem planos para escrever vários romances com temas sociais, mas acaba falando de seu caso amoroso a um gravador-leitor, como no conto "Gazela", do primeiro livro, em que o narrador falava de sua viagem nupcial frustrada a um leitor-ouvinte. A aproximação entre os dois contos não é sem intenção; o escritor de "Pierrô da Caverna" diz, a certa altura: "Existem pessoas que não se entregam à paixão, sua apatia as leva a escolher uma vida de rotina, onde vegetam como 'abacaxis numa estufa d'ananases', como dizia meu pai. Quanto a mim, o que me mantém vivo é o risco iminente da paixão e seus coadjuvantes, amor, ódio, gozo, misericórdia."[17] Se nos lembrarmos do jovem angustiado de "Gazela", que chega à conclusão de que os jovens não sabem amar, teremos mais um contraste entre outros para perceber com clareza o quanto a posição do narrador de Rubem Fonseca mudou em relação ao tema do amor, do primeiro livro, em que todos eram prisioneiros solitários, para este último.

O conto que fecha o livro, "O Cobrador", é a história de um marginal cuja "moral" resume-se a matar ou morrer; o personagem parece encarnar um simulacro bizarro de Kurtz, do livro citado de Joseph Conrad, que era poeta antes de conhecer

17. *O Cobrador*, p. 15.

as atrocidades que os ingleses praticaram sob o nome de civilização, e que para ele se chamou "horror". O personagem de Fonseca – assassino e poeta – é o avesso desse processo, pois fala da perspectiva do colonizado, ou melhor, sufocado por uma ditadura doméstica. Só que, ainda aqui, é inegável o ponto de vista do homem intelectualizado por trás da voz narrativa, que trama o conto no verso de Maiakóvski, conforme mostrou Bóris Schnaiderman. São os dois pólos anunciados no conto "Intestino Grosso", em que o autor entrevistado dizia ter ficado entre escritor e bandido. Em "O Cobrador", há um sentimento de precariedade revolucionária, à medida que o personagem é uma "transposição intencionalmente rebaixada" de Maiakóvski, e senhor de uma violência sem limite e sem rumo.[18] De qualquer modo, o personagem de "O Cobrador" não é visto de forma propriamente ridícula, ainda que rebaixada, havendo uma mistura de precariedade e patético em sua figura, que a torna "séria". A descrença convive com a denúncia; o personagem que encarna essa descrença – o cobrador, o aposentado – vira do avesso qualquer discurso oficial.

Assim, um fato claro daquela mudança ocorrida na obra está em que, no início, a perspectiva estava posta na condição de prisioneiro, em tese aquele que deve; depois a perspectiva desloca-se, de tal modo que o prisioneiro transforma-se em cobrador, aquele que reclama as dívidas. Se persiste na obra a noção de prisão, ela agora vem marcada por determinações maiores e de origem histórica; compare-se nesse sentido a epígrafe do primeiro livro com a do livro de 1975, tirada de Villon.

No conto "H. M. S. Cormorant em Paranaguá", o autor realiza um virtuoso jogo estilístico, fazendo do poeta Álvares de Azevedo um personagem de si mesmo, um dos freqüentadores das

---

18. A expressão entre aspas é de Bóris Schnaiderman no artigo citado.

noites na taverna. O problema de sua identidade é tratado em vários níveis: logo de saída ele pergunta: "Quem sou?";[19] a pergunta é ampla e implica Poesia, História e Biografia, formando um todo articulado e questionado pela linguagem poética do próprio Álvares. Vê-se por essa amplitude de intenções o quanto mudou a indagação do narrador que, no início da obra, perguntava às pessoas que passavam: "Quem-é-além-do-nome?".[20]

O sentimento de dependência cultural está também no conto "Onze de Maio", em que os velhos de um asilo iniciam um motim; a consciência do rebaixamento e da derrota aparece na frase do narrador, um antigo professor de história, que se pergunta: "A história da França é mais interessante do que a história do Brasil, é isso?".[21] O conto é patético nesse sentido, pois a revolta nasce de homens cansados que, depois de renderem o diretor do asilo, deitam para dormir; e o parágrafo final do conto abre-se com o seguinte período: "Começo a sentir um cansaço muito grande. Deito-me no sofá da sala... Acho que posso dormir um pouco, as negociações talvez se arrastem...".[22] Todos são faces de uma mesma realidade, feita de exploração (dos personagens) e descrença (da mão que os move).

Em Fonseca, praticamente não há referência às forças articuladas socialmente. É certo que o marginal, tão importante nos seus contos, é parte de um processo que atinge a todos; só que durante os últimos anos de ditadura, articularam-se vários setores da sociedade civil, depois de um movimento de desrepressão aos quase vinte anos do regime; e sua obra, mesmo posteriormente, não levou em conta essa articulação. O marginal era a

19. *O Cobrador*, p. 35.
20. *A Coleira do Cão*, p. 24. Para uma interpretação do conto, ver o ensaio citado de João Luiz Lafetá, pp. 115-117.
21. *O Cobrador*, p. 142.
22. *O Cobrador*, p. 156.

figura da própria dispersão das forças sociais, sendo muitas vezes romantizado e passando a ter uma conotação ideológica insustentável. O perigo é sempre o de paternalismo do intelectual, quando não do exótico; em *A Grande Arte*, há por exemplo a cena em que Mandrake está num restaurante e aparece um casal circense desempregado: o tom respeitoso do narrador não convence.[23] Seja como for, o irônico detetive é um dos personagens mais interessantes da literatura brasileira recente, sempre pronto a desvelar a Grande Mentira.

Num momento de abertura política, Fonseca lança seus últimos romances e mostra que sua melhor obra no gênero fica por conta de *A Grande Arte*, o grande *roman noir* daqueles anos sombrios. Nos livros seguintes, *Bufo & Spallanzani* (1985) e *Vastas Emoções e Pensamentos Imperfeitos* (1988), o autor abandona a questão social mais abrangente, cedendo ao romanesco, às paragens insólitas, onde ocorrem cenas de erotismo bastante surradas em sua obra. A impressão que se tem é a de que o autor perdeu o pé na realidade, não tinha mais o que dizer e por isso partiu decididamente para o *best-seller*. Sua obra parece ter vivido com e contra a ditadura; quando esta passou, numa de suas faces, o que era matéria primordial de Fonseca – o interdito, o transgressor – começou a aparecer diariamente na televisão e nos jornais. De qualquer modo, a representação do Brasil daqueles anos é o desdobramento final de um movimento de compreensão da realidade, empreendendo por isso um recuo na história, o que se opõe à vontade anterior de predizer a hecatombe futura em registro de ficção-científica. Ao mesmo tempo, essa consciência implica também um abarcamento de nossa geografia, buscando, como outros escritores do período, ainda que por caminhos diferentes e sem a mesma credulidade, redescobrir o país.

23. Cf. *A Grande Arte*, pp. 25-28.

Bibliografia

I

Obras e reedições do autor

FONSECA, Rubem. *Os Prisioneiros* (contos). Rio de Janeiro, GRD, 1963./ Rio de Janeiro, Olivé, s.d. (incluindo *A Coleira do Cão*)./ Rio de Janeiro, Codecri, 1978./ São Paulo, Círculo do Livro, s.d. (incluindo *Lúcia McCartney*)./ São Paulo, Companhia das Letras, 1989.

_____. *A Coleira do Cão* (contos). Rio de Janeiro, GRD, 1965./ Rio de Janeiro, Olivé, s.d. (incluindo *Os Prisioneiros*)./ Rio de Janeiro, Codecri, 1979./ São Paulo, Círculo do Livro, s.d.

_____. *Lúcia McCartney* (contos). Rio de Janeiro, Olivé, s.d./ Rio de Janeiro, Codecri, 1978./ São Paulo, Círculo do Livro, s.d. (incluindo *Os Prisioneiros*)./ Rio de Janeiro, Francisco Alves, 1987.

_____. *O Homem de Fevereiro ou Março* (antologia). Rio de Janeiro, Artenova, 1973.

_____. *O Caso Morel* (romance). Rio de Janeiro, Artenova, 1973.

_____. "Estigma de Família". LISPECTOR, Clarice e outros. *Contos*. Rio de Janeiro, Francisco Alves, 1974, pp. 27-39.

_____. *Feliz Ano Novo* (contos). Rio de Janeiro, Artenova, 1975./ São Paulo, Companhia das Letras, 1989.

_____. *O Cobrador* (contos). Rio de Janeiro, Nova Fronteira, 1979./ São Paulo, Companhia das Letras, 1989.

_____. *A Grande Arte* (romance). Rio de Janeiro, Francisco Alves, 1983./

São Paulo, Círculo do Livro, s.d./ São Paulo, Companhia das Letras, 1990.

_____. *Bufo & Spallanzani* (romance). Rio de Janeiro, Francisco Alves, 1985.

_____. *Vastas Emoções e Pensamentos Imperfeitos* (romance). São Paulo, Companhia das Letras, 1988.

_____. *Agosto* (romance). São Paulo, Companhia das Letras, 1990.

II

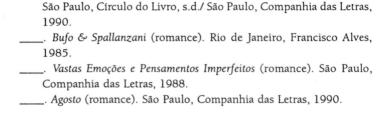

Obras sobre o autor

BARBOSA, João Alexandre. "Onze Contos Insólitos". *Opus 60. Ensaios de Crítica*. São Paulo, Duas Cidades, 1980, pp. 121-124.

BENRADT, Beatriz Regina. *Perseguindo o Narrador. Uma Leitura de Rubem Fonseca*. São Paulo, FFLCH-USP, 1985 (Dissertação de Mestrado).

COUTINHO, Afrânio. *O Erotismo na Literatura*. Rio de Janeiro, Cátedra, 1979.

COUTINHO, A. & SOUSA, J. Galante de (dir.). *Enciclopédia de Literatura Brasileira*. Rio de Janeiro, FAE, 1989, vol. 1, pp. 618-619.

COUTINHO, Edilberto. "A Criação Literária nos Anos 60-70"; "Enquanto os Tecnocratas Afiam o Arame Farpado". *Criaturas de Papel*. Rio de Janeiro, Civilização Brasileira/INL, 1980, pp. 49-56 e 214-216.

CUNHA, Fausto. "Contistas". *Situações da Ficção Brasileira*. Rio de Janeiro, Paz e Terra, 1970, pp. 77-82.

GOMES, Celuta Moreira. *O Conto Brasileiro e sua Crítica. Bibliografia*. Rio de Janeiro, Biblioteca Nacional, 1977, vol. 1, pp. 195-198.

JOZEF, Bella. "Rubem Fonseca e seu Universo". *O Jogo Mágico*. Rio de Janeiro, José Olympio, 1980, pp. 62-64.

LAFETÁ, João Luiz e outros. "Fonseca & Azevedo". *O Nacional e o Popular na Cultura Brasileira. Artes Plásticas e Literatura*. 2ª ed. São Paulo, Brasiliense, 1983, pp. 115-117.

LIMA, Luiz Costa. "O Cão Pop e a Alegoria Cobradora". *Dispersa Deman-*

BIBLIOGRAFIA

da. Ensaios sobre Literatura e Teoria. Rio de Janeiro, Francisco Alves, 1981, pp. 144-158.

LOWE, Elizabeth. "A Cidade de Rubem Fonseca". Trad. Sônia Maria F. C. Alcalay. *Escrita.* São Paulo, maio 1983, n. 36, pp. 51-59.

LUCAS, Fábio. "Os Anti-heróis de Rubem Fonseca". *Fronteiras Imaginárias.* Rio de Janeiro, Cátedra/INL, 1971.

_____. "O Caso Morel"; "A Coleira do Cão". *Crítica sem Dogma.* Belo Horizonte, Imprensa Oficial, 1983, pp. 92-97 e 149-151.

MEDINA, Cremilda de Araújo. "Rubem Fonseca". *A Posse da Terra. Escritor Brasileiro Hoje.* Lisboa, Imprensa Nacional; São Paulo, Secretaria da Cultura do Estado, 1985, pp. 157-168.

MENEZES, Raimundo de. *Dicionário Literário Brasileiro.* 2. ed. Rio de Janeiro, Livros Técnicos e Científicos, 1978, p. 274.

MOISÉS, Massaud & PAES, José Paulo. *Pequeno Dicionário de Literatura Brasileira.* 2. ed. São Paulo, Cultrix, 1980, p. 160.

PEDROSA, Celia de Moraes Rego. *O Discurso Hiperrealista. Rubem Fonseca e André Gide.* Rio de Janeiro, PUC, 1977 (Dissertação de Mestrado).

POLINESIO, Julia Marchetti. "O Realismo Feroz: Rubem Fonseca". *O Conto e as Classes Subalternas.* São Paulo, FFLCH-USP, 1985, pp. 103-123 (Tese de Doutorado).

PÓLVORA, Hélio. "Rubem Fonseca". *A Força da Ficção.* Petrópolis, Vozes, 1971, pp. 41-45.

SANTIAGO, Silviano. "Errata". *Vale quanto Pesa. Ensaios sobre Questões Político-culturais.* Rio de Janeiro, Paz e Terra, 1982, pp. 57-63.

SANTOS, Wendel. "O Destino da Prosa. O Vigor do Conto em Rubem Fonseca". *Os Três Reais da Ficção. O Conto Brasileiro Hoje.* Petrópolis, Vozes, 1978, pp. 109-117.

SCHNAIDERMAN, Bóris. "Rubem Fonseca, Precioso. Num Pequeno Livro". *Jornal da Tarde.* São Paulo, 27 set. 1980, p. 8.

SILVA, Deonísio da. "A Violência nos Contos de Rubem Fonseca". *Um Novo Modo de Narrar.* São Paulo, Cultura, 1979, pp. 49-61.

_____. *O Caso Rubem Fonseca. Violência e Erotismo em Feliz Ano Novo.* Porto Alegre, Alfa-Ômega, 1983.

_____. *Nos Bastidores da Censura. Sexualidade, Literatura e Repressão pós-64*. São Paulo, Estação Liberdade, 1989.

SILVERMAN, Malcolm. "A Sátira na Ficção de Rubem Fonseca". *Moderna Ficção Brasileira 2*. Trad. João Guilherme Linke. Rio de Janeiro, Civilização Brasileira/INL, 1981, pp. 261-277.

SZKLO, Gilda Salem. "A Violência em Feliz Ano Novo". *Tempo Brasileiro*. Rio de Janeiro, ago. out. 1979, n. 58, pp. 93-107.

URBANO, Hudinilson. *A Elaboração da Realidade Lingüística em Rubem Fonseca*. São Paulo, FFLCH-USP, 1985 (Tese de Doutorado).

_____. "O Realismo na Linguagem Literária". *Língua e Literatura*. São Paulo, FFLCH-USP, 1985, n. 14, pp. 5-11.

XAVIER, Elódia. "Rubem Fonseca: o Conto Depurado". *O Conto Brasileiro e sua Trajetória. A Modalidade Urbana dos Anos 20 aos Anos 70*. Rio de Janeiro, Padrão, 1987, pp. 119-132.

III

Obras gerais

ALBUQUERQUE, Paulo de Medeiros e. *O Mundo Emocionante do Romance Policial*. Rio de Janeiro, Francisco Alves, 1979.

ARISTÓTELES, HORÁCIO E LONGINO. *A Poética Clássica*. Introd. Roberto de Oliveira Brandão. Trad. Jaime Bruna. São Paulo, Cultrix, 1981.

ARRIGUCCI JR., Davi. *O Escorpião Encalacrado. A Poética da Destruição em Julio Cortázar*. São Paulo, Perspectiva, 1973.

_____. *Achados e Perdidos. Ensaios de Crítica*. São Paulo, Polis, 1979.

_____. *Enigma e Comentário. Ensaios sobre Literatura e Experiência*. São Paulo, Companhia das Letras, 1987.

AUERBACH, Erich. *Mimesis. A Representação da Realidade na Literatura Ocidental*. Trad. George Bernard Sperber. São Paulo, Perspectiva, 1971.

BENJAMIN, Walter. *Obras Escolhidas I. Magia e Técnica, Arte e Política*. Trad. Sergio Paulo Rouanet. São Paulo, Brasiliense, 1985.

BIBLIOGRAFIA

BOSI, Alfredo. *História Concisa da Literatura Brasileira*. São Paulo, Cultrix, s.d.

_____. (org.). *O Conto Brasileiro Contemporâneo*. São Paulo, Cultrix, 1975.

_____. *Céu, Inferno. Ensaios de Crítica Literária e Ideológica*. São Paulo, Ática, 1988.

_____. *Reflexões sobre a Arte*. São Paulo, Ática, 1985.

BRAIT, Beth. *A Personagem*. São Paulo, Ática, 1985.

BRASIL, Assis. *A Nova Literatura*. Rio de Janeiro, Americana, 1973, vol. 1.

CANDIDO, Antonio. *A Educação pela Noite e Outros Ensaios*. São Paulo, Ática, 1987.

_____. "Dialética da Malandragem. Caracterização das Memórias de um Sargento de Milícias". *Revista do Instituto de Estudos Brasileiros*. São Paulo, IEB-USP, 1970, n. 8, pp. 67-89.

_____. "A Literatura e a Formação do Homem". Separata de *Ciência e Cultura*, São Paulo, set. 1972, vol. 24, n. 9, pp. 803-809.

_____. e outros. *A Personagem de Ficção*. 2ª ed. São Paulo, Perspectiva, 1972.

CHIAPPINI, Ligia. *O Foco Narrativo*. São Paulo, Ática, 1985.

CORTÁZAR, Julio. *Valise de Cronópio*. Trad. Davi Arrigucci Jr. e João Alexandre Barbosa. São Paulo, Perspectiva, 1974.

DIMAS, Antonio. *Espaço e Romance*. São Paulo, Ática, 1985.

EIKHENBAUM, Boris e outros. *Teoria da Literatura. Formalistas Russos*. Trad. Regina Zilberman e outros. Porto Alegre, Globo, 1971.

FORSTER, E. M. *Aspectos do Romance*. Trad. Maria Helena Martins. Porto Alegre, Globo, 1969.

FREUD, Sigmund. "O 'Estranho'". *Obras Psicológicas Completas*. Trad. Jayme Salomão. Rio de Janeiro, Imago, 1976, vol. 17, pp. 271-318.

GÓGOL, Nicolai. *O Nariz e A Terrível Vingança*. Trad. e Estudo Arlete Cavaliere. São Paulo, Max Limonad, 1986.

GONZÁLEZ, Mario. *O Romance Picaresco*. São Paulo, Ática, 1988.

GOTLIB, Nádia Batella. *Teoria do Conto*. São Paulo, Ática, 1985.

HANSEN, João Adolfo. *Alegoria. Construção e Interpretação da Metáfora*. São Paulo, Atual, 1986.

HOFFMANN, E. T. A. *Contos Sinistros*. Trad. Ricardo F. Henrique; Estudo

Oscar Cesarotto. São Paulo, Max Limonad, 1987.

HOHLFELDT, Antônio. *Conto Brasileiro Contemporâneo*. Porto Alegre, Mercado Aberto, 1981.

BUARQUE, Aurélio e RÓNAI, Paulo. *Mar de Histórias. Antologia do Conto Mundial*. 2. ed. Rio de Janeiro, Nova Fronteira, 1978-1982, 6 vol.

HUGO, Victor. *Do Grotesco e do Sublime. Tradução do Prefácio de Cromwell*. Trad. Celia Berretini. São Paulo, Perspectiva, s.d.

JOHNSON, Diane. *Dashiell Hammett. Uma Vida*. Trad. Álvaro Hattnher. São Paulo, Companhia das Letras, 1986.

KARÁTSON, André. "Le 'Grotesque' dans la Prose du XXe Siècle (Kafka, Gombrowicz, Beckett)". *Revue de Littérature Comparée*. Abr. jun. 1977, a. 51, n. 2, pp. 169-178.

KAYSER, Wolfgang. *O Grotesco. Configuração na Pintura e na Literatura*. Trad. J. Guinsburg. São Paulo, Perspectiva, 1986.

LAPOUGE, Gilles. "O Romance Policial". *O Estado de S. Paulo*. São Paulo, 25 jul. 1982, pp. 2-4.

LIMA, Herman. *Variações sobre o Conto*. Rio de Janeiro, Ministério da Educação e Saúde, 1952.

_____. *O Conto*. Salvador, Livraria Progresso/ Universidade da Bahia, 1958.

LINS, Álvaro. *Os Mortos de Sobrecasaca*. Rio de Janeiro, Civilização Brasileira, 1963.

LINS, Osman. *Lima Barreto e o Espaço Romanesco*. São Paulo, Ática, 1976.

LOVECRAFT, Howard Phillips. *O Horror Sobrenatural na Literatura*. Trad. João Guilherme Linke. Rio de Janeiro, Francisco Alves, 1987.

LUCAS, Fábio (org.). *Contos da Repressão*. Rio de Janeiro, Record, 1987.

LUKÁCS, Georg. *Ensaios sobre Literatura*. Trad. Leandro Konder e outros. 2ª ed. Rio de Janeiro, Civilização Brasileira, 1968.

MAGALHÃES JR., R. *A Arte do Conto. Sua História, seus Gêneros, sua Técnica, seus Mestres*. Rio de Janeiro, Bloch, 1972.

MENDILOW, A. A. *O Tempo e o Romance*. Trad. Flávio Wolf. Porto Alegre, Globo, 1972.

NUNES, Benedito. *O Tempo na Narrativa*. São Paulo, Ática, 1988.

PASCAL, Blaise. *Pensamentos*. Trad. Sérgio Milliet. São Paulo, Abril Cultural, 1980.

BIBLIOGRAFIA

PROENÇA FILHO, Domício (org.). *O Livro do Seminário. Bienal Nestlé de Literatura Brasileira 1982*. São Paulo, L.R. Editores/ Nestlé, 1983.

ROSENFELD, Anatol. *Texto/Contexto*. São Paulo, Perspectiva, 1972.

_____. *O Teatro Épico*. 2ª ed. São Paulo, Perspectiva, 1985.

SANTIAGO, Silviano. *Uma Literatura nos Trópicos. Ensaios sobre Dependência Cultural*. São Paulo, Perspectiva, 1978.

SCHWARZ, Roberto. *Que Horas São?* São Paulo, Companhia das Letras, 1987.

SILVERMAN, Malcolm. *Moderna Sátira Brasileira*. Trad. Richard Goodwin. Rio de Janeiro, Nova Fronteira, 1987.

SODRÉ, Muniz. *Best-seller: a Literatura de Mercado*. São Paulo, Ática, 1985.

SÜSSEKIND, Flora. *Literatura e Vida Literária*. Rio de Janeiro, Jorge Zahar, 1985.

TODOROV, Tzvetan. *As Estruturas Narrativas*. Trad. Leyla Perrone-Moisés. São Paulo, Perspectiva, 1979.

ZILBERMAN, Regina (org.). *Os Preferidos do Público. Os Gêneros da Literatura de Massa*. Petrópolis, Vozes, 1987.

Estudos Literários

1. *Clarice Lispector. Uma Poética do Olhar*
   Regina Lúcia Pontieri

2. *A Caminho do Encontro. Uma Leitura de Contos Novos*
   Ivone Daré Rabello

3. *Romance de Formação em Perspectiva Histórica.*
   O Tambor de Lata de G. Grass
   Marcus Vinicius Mazzari

4. *Roteiro para um Narrador. Uma Leitura dos Contos de Rubem Fonseca*
   Ariovaldo José Vidal

5. *Proust, Poeta e Psicanalista*
   Philippe Willemart

Título	Roteiro para um Narrador:
	Uma Leitura dos Contos de Rubem Fonseca
Autor	Ariovaldo José Vidal
Projeto Gráfico	Ateliê Editorial
Capa	Lena Bergstein (desenhos)
	Plinio Martins FIlho e
	Tomás B. Martins (criação)
Editoração Eletrônica	Ricardo Assis
	Aline E. Sato
	Amanda E. de Almeida
Divulgação	Paul González
Formato	12,5 x 20,5 cm
Papel de capa	Cartão Supremo 250 g/m²
Papel de miolo	Pólen Soft 80 g/m²
Número de páginas	216
Tiragem	1 000
Fotolito	Macincolor
Impressão	Lis Gráfica